财政金融文库
金融学精品系列

中国政府合并财务报表问题研究

STUDY ON CONSOLIDATED FINANCIAL STATEMENTS OF CHINESE GOVERNMENT

赵军营◎著

中国经济出版社
CHINA ECONOMIC PUBLISHING HOUSE
·北 京·

图书在版编目（CIP）数据

中国政府合并财务报表问题研究/赵军营著 . --北京：中国经济出版社，2021. 9

ISBN 978-7-5136-6572-8

Ⅰ. ①中… Ⅱ. ①赵… Ⅲ. ①国家行政机关-会计报表-研究-中国 Ⅳ. ①F812. 3

中国版本图书馆 CIP 数据核字（2021）第 168920 号

策划编辑　崔姜薇
责任编辑　王建昌
责任印制　马小宾
封面设计　任燕飞装帧设计工作室

出版发行　中国经济出版社
印 刷 者　北京建宏印刷有限公司
经 销 者　各地新华书店
开　　本　710mm×1000mm　1/16
印　　张　13. 5
字　　数　230 千字
版　　次　2021 年 9 月第 1 版
印　　次　2021 年 9 月第 1 次
定　　价　88. 00 元
广告经营许可证　京西工商广字第 8179 号

中国经济出版社　**网址** www. economyph. com　**社址** 北京市东城区安定门外大街 58 号　**邮编** 100011
本版图书如存在印装质量问题，请与本社销售中心联系调换（联系电话：010-57512564）

前 言

治理绩效卓越的政府，离不开有效的政府会计和财务报告系统。高质量的政府财务报告是推进国家治理体系和治理能力现代化的基础。政府合并财务报表作为新的会计核算系统和会计报告系统之间的纽带，能够把诸多分散实体合并在一起，清晰地展示政府整体财务状况和运营绩效，克服传统政府年度财务报告信息不完备的弊端，满足内外部信息使用者的诉求。

从先行国家的政府合并财务报表编制实践来看，编制某个层级政府合并财务报表的国家有英国、澳大利亚、新西兰、印度尼西亚、奥地利、瑞典、芬兰、捷克、法国、瑞士、美国、加拿大、意大利等。其中，新西兰于 1993 年率先公布权责发生制中央政府综合财务报告，英国于 2011 年公布政府整体账户（包括中央政府和地方政府），瑞典是在地方层面编制政府合并财务报表的欧洲国家之一。当前，编制政府合并财务报表已成为政府财务报告改革的重要方面之一。

在我国，完善而有效的权责发生制政府综合财务报告制度是建立现代财政制度、推进国家治理体系和治理能力现代化的基础。党的十八届三中全会《中共中央关于全面深化改革若干重大问题的决定》明确提出了建立权责发生制政府综合财务报告制度。新修订的《预算法》第九十七条规定，各级政府财政部门应当按年度编制以权责发生制为基础的政府综合财务报告，使权责发生制政府综合财务报告的编制问题得到了法律层面的保障与规范。

在我国政府综合财务报告编制实践层面，2011 年，财政部组织北京、天津、深圳、江苏、广东等全国 11 个省市试编政府综合财务报告。2013

年，试编工作推广至全国所有省份的省本级。此后，政府综合财务报告试编范围逐步扩大，具备条件的部分市、县在自愿基础上也开展了综合财务报告的试编工作。2017 年，财政部将政府综合财务报告试编工作转为试点工作。2018 年，试点范围扩大至 20 个中央部门和 20 个省市，并开始跨级次政府综合财务报告合并试点。2019 年，试点范围进一步扩展至全国 36 个省级行政区和计划单列市。

政府合并财务报表是政府综合财务报告的核心组成部分，囊括了综合财务报告的主要信息。因此，政府合并财务报表如何合并，信息质量如何，哪些因素影响政府合并财务报表编制工作的开展，已成为我国政府主管部门、学术界关心和亟待解决的问题。鉴于此，本书从三方面对中国政府合并财务报表问题进行探索和研究：①对我国政府合并财务报表编制主体而言，合并范围的界定、合并方法的选择是编制政府合并财务报表的前提，是首先要解决的关键性问题。本书尝试从理论角度对该问题进行探析。②政府合并财务报表准则是政府财务报表合并的依据和标尺。为了编制高质量的政府合并财务报表，我国政府合并财务报表准则的制定需要考虑哪些方面的问题？③我国正在开展的政府合并财务报表试编工作中，存在哪些影响试编工作的因素？编制政府合并财务报表能够获得哪些效益？能否通过问卷调查获取编制现状的一手数据？能否通过实证来检验影响因素的存在以及编制政府合并财务报表所获得的效益？基于上述考虑，本书在分析我国政府合并财务报表试编情况和借鉴先行国家编制经验和模式的基础上，对上述三方面的问题进行了深入细致的分析，提出较有针对性的政策与建议。

本书对我国政府合并财务报表相关问题展开了研究，其理论和实践意义可概括为三个方面：①把政府合并财务报表编制问题置于权责发生制政府综合财务报告制度下，并将其作为报告的一部分进行研究，为我国建立权责发生制政府综合财务报告制度做出积极的探索。②政府综合财务报告的目标决定了政府合并财务报表合并范围的基准；选取合并方法要考虑公共部门的特性及合并主体与被合并实体之间的关系，选择不同的合并方法会导致合并财务报表提供的信息存在差异。政府合并财务报表准则是政府财务报表合并的依据和标尺。因此，本书对政府合并财务报表的合并范围界定、合并方法选择以及政府合并财务报表准则制定等相关理论问题进行了深入研究，探寻我国编制政府合并财务报表的理论支撑。③本书在梳理2011—2018 年我国省、市、县（区）财政部门的一线编制人员发表的政府综合财务报告编制方面文献的基础上，通过问卷调查的方法获取一手数据，了解我国政府综合财务报告的编制情况并进行实证检验。这样有利于找准编制中存在的问题与症结，有利于政府合并财务报表编制中优良经验与做法的总结，进而提出对策和建议。因此，本书旨在按照党的十八届三中全会确定关于“建立权责发生制的政府综合财务报告制度”的要求，面向我国政府会计改革与发展方向，结合我国制度背景特点，对我国政府合并财务报表的相关问题进行全面、系统的研究，为我国政府会计改革与发展提供理论和决策支持。

目 录

第一章 政府合并财务报表概论

第一节 政府会计与合并财务报表的发展概况

自20世纪80年代以来，受新公共管理和新公共治理运动的影响，西方多数国家进行了公共部门管理变革，广泛运用市场化的机制提供公共服务，使公共部门更加关注绩效、受托责任、透明、公平等维度。公共部门运行环境、组织形式、服务方式和服务效能的变化要求有与之相适应的现代财务管理系统（Broadbent and Guthrie，2008），因此，政府会计改革势在必行。政府会计改革以引入权责发生制为基础的会计核算和报告系统为目标，旨在解除政府的受托责任。政府合并财务报表作为新的会计核算和报告系统之间的纽带（Cîrstea，2014），能够把诸多分散实体合并在一起，清晰展示政府整体财务状况和运营绩效，克服传统政府年度财务报告信息不完备的劣势，满足内外部信息使用者的诉求。

一、权责发生制政府会计

政府会计改革的一个重大理念转变是公共部门从强调现金流与现金平衡转变为关注整体经济资源变化。具体而言，就是使用更广泛的方法度量政府实体拥有的全部资源，而不是局限于现金资源。权责发生制政府会计可以提供更全面的一级政府及其相关部门财务信息，如资产、负债、收入、费用、净资产及其变化；同时也可以反映政府部门的服务成本和效益。目前，一些发达国家的权责发生制政府会计改革走在了前列，发展中国家紧随其后，纷纷效仿。

（一）政府会计概念框架

政府会计概念框架是由一系列说明政府会计并为政府会计所应用的基本概念所组成的理论体系，是评价现有会计准则、指导和发展未来会计准则的理论依据。其主要包含了会计主体、会计目标及会计要素等方面。

在界定会计主体方面，会计主体的界定有两种观点，即“单位说”与“信息使用者说”。“单位说”以是否具备经济控制和经济活动能力、是否承担相应的义务为标准来界定会计主体，强调“控制”观念；“信息使用者说”则是从信息使用者的角度界定会计主体，强调“信息需求”观念。在世界范围内，从公共部门会计和财务报告的实务来看，确定政府会计主体的方法主要包括基金授权分配法、法律主体法、政治受托责任法和控制法等。按照受托责任界定会计主体的方法，美国联邦会计准则咨询委员会（the Federal Accounting Standards Advisory Board，FASAB）是将提供公共服务且负有受托责任的主体作为政府会计主体。美国政府会计准则委员会（Governmental Accounting Standards Board，GASB）认为，受托责任是一个宽泛且重要的概念，是界定州和地方政府会计主体的基石。此外，美国政府会计准则委员会还认为，地方政府、地方政府负有财务责任的组织，以及一些并入地方政府财务报表的单位与机构都可以作为财务报告的主体。

在确定政府会计目标方面，Pallot（1992）描述了在公共部门中会计的政治性质。他认为，要核算和报告的内容是由政府会计的目标决定的。Jones（1992）认为，政府会计应主要用来控制人们的行为，即鼓励其做什么，告诉其不能做什么，或阻止其原本想做的事情。因此，政府会计应该服务于政府的根本目标，以及议会对政府的宪法规制。陈立齐、李建发（2003）认为，政府会计有基本的、中级的和最高的三个层次的目标，其基本目标是检查、防范舞弊和贪污，以保护公共财政资金的安全；中级目标是促进健全的财务管理；最高层次的目标是帮助政府履行公共受托责任。陈立齐（2009）提出的美国政府会计政策空间的 10 个维度，实质上也是对政府会计概念框架体系的一种概括，主要包括财务目标及预算、会计和财务报告主体、会计体系建构、财务报表、会计核算基础、会计确认、计量对象、计量单位等。政府会计目标的确定应考虑政府会计职能和影响，若忽略会计的客观职能，可能会使政府会计目标残缺不全（路军伟，2010）。更好地保护和管理公共资金并落实受托责任、提供对决策有用的会计信息作为政府会计的总目标已成为学界的共识。

在政府会计要素使用方面，国际公共部门会计准则理事会（the International Public Sector Accounting Standards Board，IPSASB）为实现公共部门会计目标，对两种采用截然不同的会计基础的政府会计提出了不同的会计核算要素：在收付实现制下，会计要素区分为现金收入、现金支出和现金余额；在权责发生制下，会计要素区分为资产、负债、净资产/权益、收入和费用。英国政府会计（采用资源会计与预算模式）的会计核算要素包括资产、负债、净资产、收入和费用。英国政府会计准则逐步向国际公共部门会计准则趋同。美国联邦会计准则咨询委员会发布的联邦财务会计概念公告（Statement of Federal Financial Accounting Concepts，SFAC）第5号《应计制财务报表要素的定义和确认》中规定，财务报表要素包括资产、负债、净资产、收入和费用五类。美国政府会计准则委员会发布的第4号概念公告《财务报表要素》中定义了资产、负债、资源流出、资源流入、递延资源流出、递延资源流入、净资产7个要素。我国政府会计要素分为政府预算会计要素和政府财务会计要素，其中政府预算会计要素包括了预算收入、预算支出与预算结余；政府财务会计要素包括资产、负债、净资产、收入和费用。

（二）权责发生制政府会计改革

在公共部门内部以及公共部门之间，预算是面向未来的财政资源分配计划。就实体财务状况和绩效而言，权责发生制政府会计与财务报告反映了实体在过去会计期间的财务交易与事项的结果。

当今，公共部门实行权责发生制会计已被世界上诸多国家所接受。根据普华永道会计师事务所（2013）对世界上100个国家中央政府会计现状的调查，有26个国家采用完全权责发生制会计，20个国家采用修正的应计制会计，54个国家采用现金制会计；并预计未来5年采用权责发生制政府会计的国家将上升到63%。然而，大多数国家权责发生制政府会计改革处于不同阶段，中央政府和地方政府之间存在差别。Jones等（2013）比较了法国、德国、英国、美国4个国家以权责发生制为基础的预算与会计改革，结果显示，4 个国家的改革方案是各不相同的，没有统一的整套技术方案可以使用，但每个国家都找到了适合自身的改革技术方案。此外，有研究表明，2009—2012 年，权责发生制的应用范围发生了重大变化，仅有 17%的欧洲国家的中央政府使用现金制会计，而绝大多数欧盟成员国已在地方政府层面使用权责发生制会计（Christiaens et al.，2015）。表 1-1 展示了欧洲、美洲、大洋洲部分国家政府会计核算基础，截止时间为 2017 年 12 月 31 日。

表 1-1　欧洲、美洲、大洋洲部分国家政府会计核算基础

国家	现金制	正在向权责发生制过渡	权责发生制
澳大利亚			√
比利时		√	
捷克			√
丹麦			√
芬兰			√
保加利亚		√	
法国			√
罗马尼亚		√	
希腊		√	
加拿大			√
立陶宛			√
匈牙利	√		
荷兰			√
德国	√		
新西兰			√
葡萄牙			√
奥地利			√
斯洛伐克		√	
奥地利			√
西班牙			√
瑞典			√
拉脱维亚		√	
意大利		√	
英国			√
巴西		√	
美国			√

会计确认的基础存在一个可能的连续区间范围，现金制基础和权责发生制基础处于这一范围的两端。这一范围包含了修正现金制、修正权责发生制等程度不同的组合变化。许多国家进行权责发生制政府会计改革，但现金制会计仍被广泛应用于政府会计核算，特别是财政资金预算领域，主要以现金制会计核算基础为主。与此同时，这种现象清楚地表明了现金制会计服务的目的不应被权责发生制会计基础完全取代。当前，从世界范围看，地方政府和中央政府使用的会计核算系统主要分为四类，如图 1-1 所示。

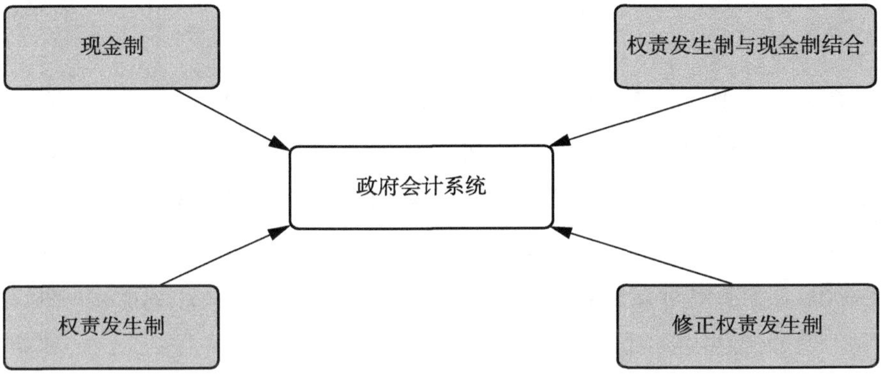

图 1-1　政府会计核算系统之间的关系

二、政府综合财务报告

政府会计现代化是政府会计改革的共同方向，即编制权责发生制政府财务报告（Benito et al.，2007）。政府财务报告是国家决策机关和政府主管部门做出的宏观决策、制定公共政策、进行公共管理的重要信息来源，也是政府外部利益相关者了解政府财政/财务状况、衡量政府绩效、评价政府受托责任履行情况并制定相关决策的重要信息来源。政府综合财务报告作为政府披露财务信息的工具和媒介，能否全面、完整、真实、可靠地提供政府财务信息，关系能否科学、准确地制定公共政策并做出国家宏观决策以及其他相关决策等重大问题。

（一）政府综合财务报告目标及内容

依据报告主体的范围，政府财务报告划分为政府部门财务报告、政府综合财务报告或政府整体财务报告（Whole of Government Financial Reporting，WGFR）。随着“政府整体”概念的延伸，政府综合财务报告可以划分为三个层次：一是为某类机构或地方政府（如教育部或某个城市）编制合并财务报告；二是为一级（中央/联邦、地区/州或地方）政府范围内的公共部门机构编制的合并财务报告；三是一个中央/联邦政府努力编制的包含整个国家公共部门活动的单个财务报告，即涵盖各个层级政府及其控制的主体。这三个层次的政府综合财务报告都包括了相应管辖权范围内的政府及其附属主体（李建发、张国清，2015）。

国外政府财务报告的目标模式大体分为两种：英美模式，其强调向外部使用者提供财务信息，解脱政府的受托责任；德法模式，其侧重提供财政预算信息，供议会和政府决策使用。围绕政府财务报告的目标、使用者信息需求以及政府经济活动特点，美国、加拿大政府财务报告均将资产负债表、运行情况表、财务状况变化表等作为主要报表，并科学设计了各张表的格式和所要传递的信息内容以及各表之间的钩稽关系；在此基础上，美国、加拿大政府还编制了针对一般公众的简化版财务报告，将公众所需要的财务报告信息通过概括的方式，浅显易懂并且生动形象地反映出来。依据国际会计师联合会公共部门委员会（PSC）第8号研究报告，界定报告主体主要是为了确定政府财务报告应当包含哪些内容以及这些内容应如何在报告中予以提供（PSC，1996）。PSC指出，报告主体的界定标准主要包括两种：第一种是以按规定分配的公共基金作为界定标准，第二种是以控制或所有权作为界定标准。在澳大利亚，财务报告将满足使用者的信息诉求作为主要目的，旨在为决策制定和解除管理者的受托责任提供有用的信息；该目标同时适用私营和公共部门（Australian Accounting Research Foundation，AARF，1990）。因此，政府财务报告体系构建应基于国情，关注受托责任功能，并能满足相关利益者多个目的的需求。

（二）政府综合财务报告功能

经营受托责任源于所有权与经营权的分离，而公共受托责任则源于民主社会制度的建立。美国政府会计准则委员会在 1987 年第 1 号的概念公告《编制财务报告的目标》中指出，财务报告的主要作用在于将有关政府履行受托责任情况的财务信息提供给使用者，即把受托责任界定为政府编制财务报告的首要目标。李建发（1998）在《政府会计论》一书中辩证地分析了政府的客观环境及政府受托管理社会公共事务的职能，在此基础上，认为政府财务报告的首要目标应是提供受托业绩信息，使用者使用政府财务报告信息的主要目标是评价政府受托责任，并以此进行各种决策。政府财务报告的最高目标是有助于评价受托责任，按照有助于评价政府受托责任的要求，政府财务报告应当提供相关信息，以帮助使用者评价政府在守法、服务效率、成本和效果等方面的情况。传统年度政府报告中没有考虑子公司、合资和联营实体，因此，仅能披露政府部分活动和财政状况；政府综合财务报告则是把整个一级政府财务状况作为一个整体考虑，有助于支持政府决策过程、保证公共问责、提高财政透明度。按照新公共管理模式，政府财务报告必须披露政府的全部资产和全部负债，反映政府的绩效和受托责任。政府综合财务报告应当有助于提升受托责任和透明度，最终也有助于改善决策。公共部门只有完善的会计核算系统和财务报告系统才能保证行政、立法机构需要的综合财务信息，实现它们在财务管理和监督方面的职责，这对政府财务报告和财务信息披露提出了新挑战。因此，政府财务报告成为沟通政府与社会公众间的重要信息源和体现政府财政透明度的重要载体，具有十分重要的意义。

三、政府合并财务报表

合并财务报表最初仅是私营部门在编制。受经济全球化影响，为服务于政客和纳税人的决策，公共部门也需要编制合并财务报表。公共部门合并财务报表是发生在公共部门会计系统和财务报告系统层面重要的改革之一。政府合并财务报表是政府综合财务报告的核心部分，其信息质量直接关系政府综合财务报告向内外部信息使用者所提供信息的真实性、完整性、可靠性和相关性。公共部门编制合并财务报表能够使公共部门会计制度趋于完善和现代化，这方面也得到了国际社会的认可与支持（Grossi and

Soverchia，2011）。

（一）会计职业机构对编制政府合并财务报表的贡献

许多职业机构与会计协会对推动政府合并财务报表的发展做出了贡献，如加拿大特许会计师协会、澳大利亚注册会计师协会、澳大利亚会计研究基金会（Australian Accounting Research Foundation，AARF）、国际会计师联合会（International Federation of Accountants，IFAC）、美国联邦会计准则咨询委员会、美国政府会计准则委员会等。此外，还有1998年以来英国财政部发布的政府整体账户（Whole of Government Accounts，WGA）的讨论文件；2003年以来，美国联邦会计准则咨询委员会针对合并报表编制中遇到的若干问题，发布的关于编制整个联邦政府合并财务报表的文件。这些文件都有力地推进了政府合并财务报表的编制工作。

在政府合并财务报表准则方面，美国联邦会计准则咨询委员会的准则最初主要是为每个政府部门及机构编制合并财务报表；2003年，美国联邦会计准则咨询委员会发布了适用于美国联邦政府合并财务报表编制的准则——SFFAS24公告，即全面编制联邦政府整体合并财务报表。在SFFAS24公告发布之前，SFFAS4公告仅规定美国联邦政府合并财务报告的阅读对象和质量特征（FASAB，2004），而SFFAS24公告是作为美国联邦政府财务报表合并的准则。此外，在美国联邦会计准则咨询委员会的会计准则下，单位会计要素进行计量时，一般应当采用历史成本。美国政府会计准则委员会发布GASB14号公告——财务报告实体，尽管没有直接解决合并财务报表编制中遇到的问题，但它确立了界定州与地方政府合并范围的基准（Walker，2009）。此外，1994年政府会计准则委员会发布的GASB27号公告——州和地方政府雇员的养老金会计、1999年发布的GASB34号公告——州和地方政府基本财务报表的管理层的讨论与分析对州与地方政府合并财务报表编制也做出了规定。美国政府会计准则委员会在基金会计的背景下，规定了基层政府、财务问责实体的整体会计信息要使用多栏的形式进行反映。这种报告模式通常与私营部门的多列合并财务报表类似。国际会计师联合会是在公共部门已经采用权责发生制会计的国家和组织中被视为规范公共部门会计实践的先驱者和倡导者。国际会计师联合会在 2000 年发布了 IPSAS6——合并和单独的财务报表，试图在公共部门和私营部门同时使用；2006 年，国际会计师联合会发布了一般公共部门财务信息的披露准则。2015 年，国际公共部门会计准则理事会（IPSASB）发布 IPSAS35——合并财务报表，该准则作为 IPSAS6 的替代，要求对“控制”提供更多评估，并保持与 IFRS10 的趋同。1990 年，澳大利亚公共部门会计准则委员会发布的 AAS27 对地方政府合并财务报表的编制做出了规定。1998 年，澳大利亚公共部门会计准则委员会发布了 AAS29 作为公共部门合并报表的合并准则；AAS29 规定了政府部门应编制合并财务报表，由于部门只是政府的行政单位，部门编制合并财务报表类似一个企业实体编制单独的报表，随后，AAS29 被取消。当前，澳大利亚政府合并财务报表编制的主要依据是澳大利亚会计准则委员会（Australion Accounting Standards Board，AASB）发布的 AASB1049。自 2018 年开始，澳大利亚政府合并财务报表的编制将依据 AASB10 进行合并。2011 年，新西兰会计准则委员会计划在公共部门中使用国际公共部门会计准则的报告框架，这标志着会计中立性的方法在新西兰的终结。许多国际组织、专业协会在促进 IPSAS 推广、改善公共部门合并财务报表编制环境方面扮演着重要角色，如英国特许公共财务与会计师协会（Chartered Institute of Public Finance and Accountancy，CIPFA）支持国际公共部门会计准则在欧盟的推广使用（Mason，2012），加拿大公共部门会计理事会作为专门的组织为政府制定会计准则。审计与会计师事务所在许多国家公共部门实施权责发生会计以及编制政府合并财务报表起到了至关重要的作用（Grossi and Pepe，2009）。

（二）政府合并财务报表的编制研究

自 1976 年以来，美国财政部编制政府合并财务报表的原型至今已有 40 多年的历史。

编制某个层级政府合并财务报表的国家有英国、新西兰、印度尼西亚、奥地利、瑞典、芬兰、法国、瑞士、美国、加拿大、意大利、捷克。其中，美国 1995 年公布了联邦政府综合财务报告，自 1997 年开始政府综合财务报告审计中，州和地方政府从 1999 年开始编制和公布权责发生制政府综合财务报告。自 1995 年开始，加拿大开始编制公共部门账户的合并财务报表。1987 年末，澳大利亚新南威尔士州任命了“审计委员会”，开始编制合并财务报表。新西兰于 1993 年公布权责发生制中央政府综合财务报告，并成为第一个公布权责发生制政府综合财务报告的主权国家。自 20 世纪 80 年代末，欧洲一些国家已经开始编制各种形式的权责发生制合并报表，瑞典是欧洲在地方政府层面编制政府合并财务报表的最早国家之一。2006 年，印度尼西亚首次成功编制了 2005 年度中央政府综合财务报告。2015 年，捷克政府首次批准编制整个国家的合并财务报表。

一些学者对先行国家政府合并财务报表编制经验及其作用方面进行了深入研究。Pires Caiado 等（2007）认为合并财务报表编制应分为四个阶段：准备阶段、数据收集、抵销合并、报表分析。Marques 和 Mano（2010）分析葡萄牙公立大学合并财务报表编制，认为公共部门合并财务报表的合并过程分为会计信息标准化、数据收集、内部交易抵销三个方面，具体如图 1-2 所示。

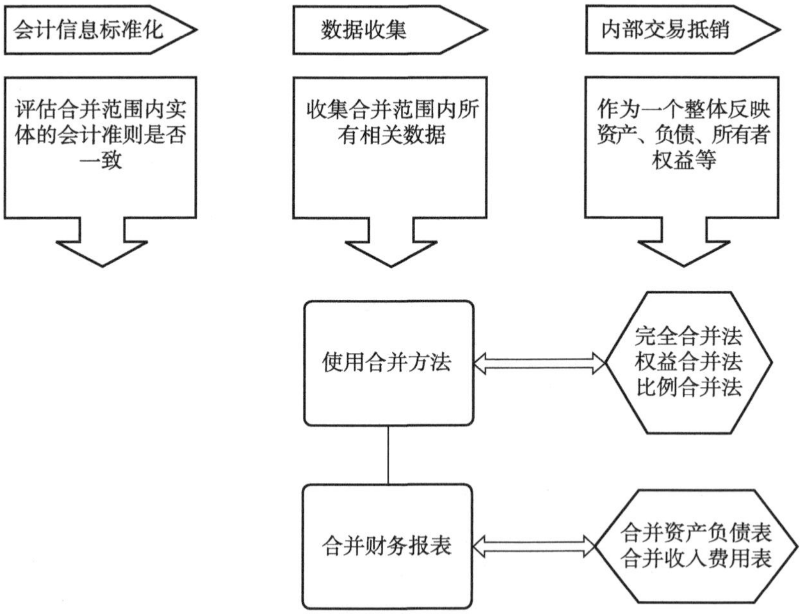

图 1-2　葡萄牙公共部门合并财务报表的合并过程

政府合并财务报表编制难题归纳起来主要有以下五个方面：一是合并主体和被合并实体之间会计“同质性”差；二是缺乏相应的专业知识和技术人才；三是获取合并所需的会计历史数据和文档存在困难；四是在法律层面上没有规定编制政府合并财务报表的义务，如瑞士和意大利；五是编制政府合并财务报表成本高（Grossi and Pepe，2009；Wise，2010；Puddu，2013；Cîrstea，2014；Grossi ，2015；Bergmann ，2015）。

总之，政府合并财务报表代表了发生在公共部门会计系统和财务报告系统改革中最重要的一个方面，学术界对此极为关注并进行了大量研究，得出许多有价值的结论，形成了不少学术观点，但对我国政府合并财务报表编制的研究还很不充分，与我国将要展开的权责发生制政府综合财务报告编制工作不相适应。基于此，在借鉴前人研究成果的基础上，本书对我国权责发生制的政府综合财务报告制度下政府合并财务报表编制进行研究分析。

第二节　编制政府合并财务报表的理论依据

一、利益相关者理论

利益相关者理论（Stakeholder Theory）是 20 世纪 60 年代在美国、英国等长期实行外部控制型公司治理模式的国家中逐步发展起来的，之后其影响日渐扩大。1963 年，斯坦福研究院提出“利益相关者”是与企业有密切关系的所有人，并将“利益相关者”定义为“企业生存所需要支持的利益群体，否则，企业将无法生存发展”。自 20 世纪 80 年代以来，学术界对“利益相关者”理论进行了拓展研究。1984 年，美国爱德华 · 弗里曼明确提出了利益相关者理论，他认为利益相关者是“那些能够影响企业目标实现，或者能够被企业实现目标的过程影响的任何个人和群体”。利益相关者按照相关群体与企业是否存在交易性合同关系，可以分为契约型利益相关者（Contractual Stakeholders）和公众型利益相关者（Community Stakeholders）。前者包括股东、雇员、顾客、分销商、供应商、贷款人，后者包括全体消费者、监管者、政府部门、压力集团、媒体、当地社区。利益相关者理论有两个核心：一是利益相关者的认定，即谁是企业的利益相关者；二是利益相关者的特征，即管理层依据什么来给予特定群体以关注。综合来看，利益相关者理论的研究多集中在四大领域：商业规范理论；公司治理和组织理论；企业社会责任和业绩；战略管理。因此，与传统的股东至上主义相比，利益相关者理论认为，任何一个公司的发展都离不开各利益相关者的投入或参与，企业追求的是利益相关者的整体利益，而不仅仅是某些主体的利益。

会计主体的界定依赖于识别利益相关者的经济利益范围。这主要源于利益相关者可能对于会计信息会有不同需求和用途。因此，识别会计信息的主要使用者——利益相关者，不仅影响到会计信息评估、报告等问题，也影响到会计实体的界定和合并方法的选取。显然，为了确定会计目标，就必须考虑利益相关者的需求和会计信息的有用性（Daniels，J. D. and Daniels，C. E.，1991）。在会计理论中，会计的作用是向投资者提供信息，旨在决策的制定，这方面已有很长的历史，并得到学术界和实务界的一致认可。例如，Moonitz（1961）认为会计信息必须对投资有用。这个理念是决策制定的基础，同时也是美国财务会计准则委员会（Finanical Accounting Standards Board，FASB）与国际会计准则理事会（International Accounting Standards Board，IASB）制定概念框架的基础。然而，投资者并不是唯一的利益相关者，会计也不仅仅是决策制定的工具。在公共部门中，会计发挥的至关重要的作用是问责（Pallot，1992；Chan，2003；Mack and Ryan，2006）。依据问责制，会计能够在委托人和代理人之间进行控制并平衡利益（Ijiri，1975）。不同的利益相关者可能会强调会计的不同方面。因此，会计的实质和形式可能会有所不同。

政府会计是一种社会和制度的实践，与其他类型会计一样，利益相关者需要合理计量成本与收益（Hopwood and Miller，1994）。与私营部门会计一样，政府会计政策的选择过程，也就是研究政治和市场活动结果的过程。在公共部门实施新的会计实践旨在提高效率、效能，但重点强调的是会计信息总是指向权力象征，并凸显财务合法作用（Carpenter and Feroz，

1992）。会计主要致力于控制人们的行为（Jones，1992）。在公共部门中，内部的利益相关者主要包括政客和公共管理者；外部的利益相关者主要包括社会公众、选民、纳税人、银行、金融部门、评价机构等。利益相关者理论将组织定义为企业与利益相关者之间的多边协议，并提供了财务报表合并对于问责制有着重大意义的另外一种解释。事实上，政府传统年度账户仅披露了部分经济与财务状况，而在子公司、合资企业、联营公司上下级、同级部门之间、部门与附属机构内部之间交易、厘清共有资产，共同承担负债的权限归属的基础上编制的财务报表，能为内部、外部的利益相关者提供相关、可靠的政府整体财务信息；同时，克服传统单个财务报表仅反映部分、片面信息不完备的缺陷。Grossi 等（2013）认为，利益相关者理论比代理理论更好地解释了财务报表合并对问责所具有的重要意义。事实上，公共部门年度决算和提供公共服务是相互分离的，这意味着对政府的问责程度可能会减轻、公共部门财务报表的决策有用性会降低（Bisogno et al.，2015）；然而，政府合并财务报表通过向内外部利益相关者提供全面完整的信息，正好弥补了这一不足，强化问责。内部利益相关者把政府合并财务报表作为一个直接或间接工具提供给公共服务部门，旨在制定决策和解除受托责任。外部利益相关者也把政府合并财务报表作为从整体上、全面地了解政府财务信息的工具；因为合并财务报表反映的政府整体财务信息包括整个政府及国有企业，能够满足诸多外部利益相关者的不同诉求。例如，信用评价机构可以利用合并财务报表评估政府的整体偿债能力和财政风险；银行可以通过政府合并财务报表评估政府和国有企业的信誉；选民和社会公众可以通过政府合并财务报表强化对政府的问责。因此，利益相关者理论可以视为公共部门编制合并财务报表的理论基础。

二、新公共管理理论

自 20 世纪 70 年代末以来，一场声势浩大的、被称为“新公共管理”（New Public Management，NPM）的公共部门管理变革在世界范围内掀起。“新公共管理”运动的兴起以 1979 年英国首相玛格丽特·撒切尔上台为标志，整个西方世界进入了公共管理改革时期，这场运动被形象地称为“重塑政府""再造公共部门""治道变革""企业家精神的政府"等，它衍生出了丰富的公共部门管理经验与理论积累。新公共管理强调政府要掌舵而不是划桨，并做到分权化；在公共领域同时引入市场机制和私人企业的管理方法，如对公有企业的私有化改造、下放管理权力、增加透明度、政府业务合同外包、政府绩效评估等。Hood（1991）归纳了新公共管理的七大理论原则：政府部门内的职业化管理；明确的绩效评估标准；更加强调对结果的控制；政府部门内单位的分散化；在政府部门内引进竞争；强调在政府部门内运用私有工商管理的方法；强调成本概念，特别是在资源使用上强调节约。新公共管理主要来自制度经济学和组织理论，旨在杜绝在公共部门中官僚管理主义的作风，因此，新公共管理运动的兴起意味着公共部门管理尤其是政府管理研究领域的转变。新的公共管理实践主要采用了以市场为基础的管理方法，主要聚焦于公共部门的灵活、效率和效能，有效缓解了国家的过度负债、巨额赤字和公共部门的效率低下等问题（Pina and Torres，2003）。陈振明（2000）认为，"新公共管理"理论代表了政府管理研究领域发展的新阶段，它是在对传统的公共行政学理论批判的基础上逐步形成的。

会计系统应与公共治理环境及其方式的转变相适应（Broadbent and Guthrie，2008）。Meyer（1998）认为，会计是公共部门新本体论构建过程中的一种理性化活动，因此，从该角度看，政府会计改革就不是传输工具性改革的实践，它已成为扩展理性、现代的新公共部门的组成部分。部分学者认为，公共部门如何革新会计系统，应被视为新公共管理改革的一部分（Guthrie and Humphrey，1998）。在传统公共部门的财务报告中，预算是财务报表的关键要素；财务报告的编制基础是基于现金制的会计原则。过去20年，公共部门需要不断适应新的、不断变化的经济环境，其中最为重要的一步是实行了新公共管理改革。新公共管理运动旨在帮助公共部门借鉴私营部门的管理技术与模式，并在公共部门中使用新的、基于权责发生制会计核算基础的财务报告。在新公共管理运动中，明确要求政府和相关机构承担财政资金使用绩效受托责任，因此，预算管理和政府会计改革就处于新公共管理运动的前沿。其一，政府及相关机构不仅要对现金支出负责，更要对与其产出相关联的全部成本负责；收付实现制会计无法满足这一需求，需要推行权责发生制政府会计改革，建立权责发生政府综合财务报告制度是权责发生制的政府会计改革向纵深推进的关键环节，而政府合并财务报表作为政府综合财务报告的核心组成部分，与新公共管理运动有着本质的联系。其二，从新公共管理理论注重结果和绩效管理的角度考察，绩效管理包括政府的自我绩效管理、社会公众及其代表机关对政府绩效的外部监督评价。无论是政府内部绩效管理还是社会公众及其代表机关对政府绩效的外部监督评价，都离不开全面完整、真实可靠、透明度高的政府财务信息。这就对政府合并财务报表内容提出了相应的新的要求：财务报表不仅要披露政府运行和公共服务成本，还要包含产出结果，旨在反映公共资源投入相关的公共服务效能和绩效变化信息。其三，从新公共管理强调引入竞争机制和顾客至上的角度分析，政府合并财务报表所提供的信息必须具有完整性、可靠性和可理解性，旨在以高质量的财务信息满足政府及其相关机构、社会公众、公私合作事项参与者等多元化信息使用者的需求。政府会计与管理系统使用新公共管理的原则和方法，将变得更加可靠、灵活和有生机（Cîrstea，2014）。Hyndman（2016）认为，权责发生制会计是支撑新公共管理变革的基石。总之，新公共管理理论为政府会计改革和建立权责发生制政府综合财务报告制度指明了方向，对政府合并财务报表的重点内容、信息质量、公开披露机制提出了要求，使新的会计核算系统强调公共管理效能。同时，我们应该认识到，权责发生制政府合并财务报表的编制推进了政府会计改革，其实质是创新公共管理。

三、公共受托责任理论

公共受托责任被视为具有现代政治学和经济学的制度性特征，是当代政治学和经济学中最为重要的概念之一，政府权力的行使因公共受托责任的要求而具有合法性。Glynn（1985）指出，公共部门的受托责任是指那些起草和（或）执行政策的人应该有义务就他们的行为向他们的选民做出合理的解释。Sinclair（1995）认为，受托责任仅意味着被要求就其行为做出解释，并对其行为负责。从更广泛的意义上来说，受托责任在本质上具有提供公共资源使用记录和对职责履行情况进行说明的义务，就此产生的社会公众赞扬和责备、奖励和惩罚等行为，可视为是对受托责任的验证。Patton（1992）指出，在当前公共受托责任的概念中，受托责任关系涉及的“谁”“什么”以及“何时”都不是很明确，这会直接影响公共受托责任概念的使用，并影响人们对一般公认会计原则（Generally Accepted Accounting Principles，GAAP）的理解。GASB 的公共受托责任基本目标（见图 1-3）主要包括三类：一是对公众履行职责的责任，有利于信息使用者确定这种责任；二是帮助信息使用者评价政府的受托责任履行；三是帮助信息使用者评价政府提供的服务水平和履职能力（李建发，1999）。作为社会、文化、政治内涵变化的结果，公共受托责任随着时间的推移而不断发展变化。正是由于公共受托责任的发展变化，才推动了政府会计的全球性变革（路军伟、李建发，2006）。受托责任学派认为，受托责任是现代会计存在的根本原因，公共受托责任是政府会计的基石。

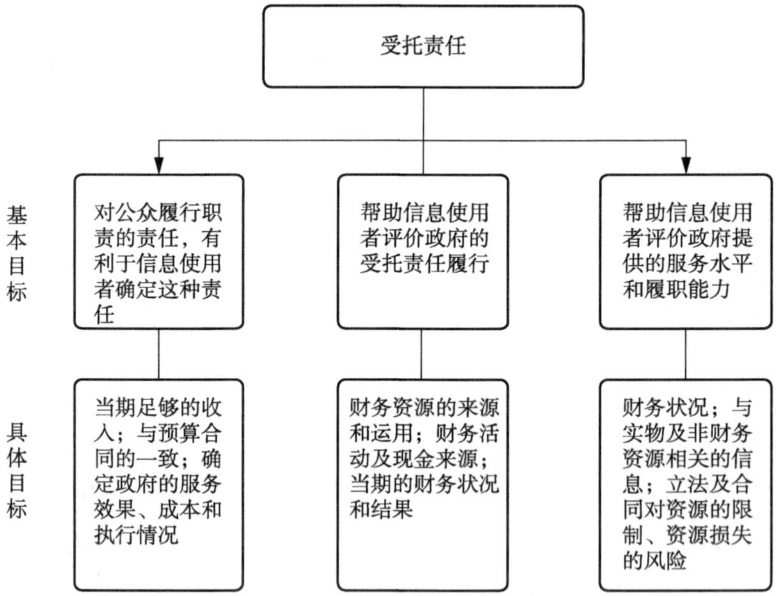

图 1-3　GASB 财务报告的目标结构

资料来源：李建发．政府会计论［M］．厦门：厦门大学出版社，1999：151.

20 世纪 90 年代以来，公共部门的治理模式已逐步取代了市场和等级制度，善治原则和新公共管理强化了对公共部门的问责。在民主社会和自由市场中，权责发生制会计被视为实现问责制的一个决定因素（Chan，2003）。基于此，当会计制度实施时，弄清内部与外部用户的目的，管理层与政客的期望，并考虑他们的信息需求是十分重要的。在大多数国家，会计系统的改革能提高问责制和透明度，同时，能够恢复社会公众对政府的信任。因此，在民主体制中，会计是创建政治问责的重要工具（Grossi and Tagesson，2007）。公共受托责任是民主社会的巨大需求，民主意味着公众应该拥有知情权、参与权、监督权和选择权（徐曙娜，2005）。当今社会和政府的运作都存在于公共受托责任关系中，社会公众作为终极委托人，赋予各级政府组织、官员和公务员制定、执行公共政策以及使用公共资金等重要决策权，同时又对公共受托责任提出要求，希望政府公开解释、说明其使用权力的方式和效果，并在发生错误时能够及时纠正。在美国政府会计准则委员会看来，政府承担的是公共受托责任，其报告主要是向外部使用者提供信息，而不仅仅是向政府内部的各级管理者提供信息。因此，财务报告的信息对外部信息使用者，尤其是那些缺少信息来源的外部使用者会产生重要影响。政府财务披露的程度和方式反映了政府的受托责任和政治制度模式（姜明，2009）。在政府行政系统中，上级要求下级承担责任，并要求反馈其业绩信息。而作为政府综合财务报告的重要组成部分的合并财务报表，正是一种综合体现政府履责行权信息的重要途径。由此可见，编制政府合并财务报表是公共行政机构向委托方提供公共受托责任履行情况信息的政治性举措，蕴含于公共受托责任理论中，具体表现在两个方面：一是从公共受托责任控制机制考察，综合财务信息披露的是委托方监控公共责任托管情况的基本条件。如果缺乏关于政府财务运作及其绩效完整准确的信息，现实中公共受托责任机制就不可能正常发挥作用。因此，编制政府合并财务报表是公共受托责任机制有效运行的必要条件。二是从公共受托责任实施机制考察，受托方提供信息、委托方验证并评价信息是保障公共受托责任落实的基本手段。公共受托责任的实现需要一套完备的信息系统作为支撑。在这个系统中，受托方要及时提供内容完整、充分和符合质量要求的信息，委托方则要对受托方提供的信息进行认真验证并综合分析，以确保信息质量符合要求并对政府受托责任履行情况做出评价。此外，财政与政治问责日益高涨，需要建立一个更广泛、更完整的会计系统。合并财务报表能够满足外部和内部问责机制需求（Martin and Scorsone，2011）。因此，合并财务报表有助于改善公共部门的偿债能力、可持续发展能力和代际公平，能够提供公共部门合并实体整体财务状况与绩效，不仅包括单个政府，也包括国有企业集团等。总之，政府合并财务报表与公共受托责任关系极为密切，是落实和解除政府公共受托责任的必然选择，这也说明公共受托责任理论是政府合并财务报表编制的重要理论依据。

四、企业财务报表合并理论

当前，学术界和实务界编制合并财务报表、界定合并主体概念的理论主要涉及包括或排除子公司中非控制权益问题。从不同的视角看，企业编制合并财务报表的理论基础主要基于以下三种：实体理论（Entity Theory）、所有权理论（Proprietary Theory）和母公司理论（Parent Company Theory）。

（一）实体理论

实体理论是从企业集团角度解释、说明合并财务报表的目的、少数股东的权益性质、编制方法、合并利润的计量、合并资产的计价及整体集团内部抵销未实现损益等一整套编制合并财务报表编制方法的原理。合并财务报表是以企业集团整体作为会计主体编制的，旨在为企业集团内拥有权益的实体或个人服务，包括少数股东。这就意味着少数股东不应被视为集团整体的局外利益者。因此，少数股东权益需要被并入合并财务报表。合并净利润是集团整体所有权的全部拥有人的净利润；少数股东利润是集团整体净利润的一个组成部分，是集团整体净利润分给少数权益持有者的那部分；计量少数股东利润的方法与母公司从子公司获取投资收益的确认方法相同。少数股东权益作为集团整体股东权益的一个组成部分，其计价方法与其他股权相同。在合并子公司净资产时，少数股权与多数股权使用相同的计价方法。母公司与子公司之间的资产相互出售业务所产生的损益应全部抵销、合并。在实体理论的视角下，合并财务报表的合并是在购买法的框架内使用完全合并方法，子公司的净资产和商誉需要依照公允价值重新估值。

（二）所有权理论

在编制合并财务会计报表过程中，所有权理论既不强调集团整体中的实际控制或法定控制关系，也不强调集团整体中各个组成部分的平等关系，而是重点强调编制合并财务报表的实体对并入合并范围的实体所拥有的所有权。所有权理论的主要观点是合并主体与其最终所有者是一个不可分割的、完整的整体。所有权理论强调公司财富的权力属于终极所有者，所有者可以按照自己的意愿随时处置资产。在编制合并财务报表时，所有权理论强调母公司所实际拥有的而不是实际控制的资源。合并财务报表为母公司的股东服务，但合并财务报表中不包括少数股东权益的份额，也不对少数股东权益进行披露。合并财务报表中的净利润是母公司股东享有的净利润，不包括少数股东的收益。所有权理论只关注属于母公司的那部分，这就意味着母公司只合并子公司属于自己那部分的资产和负债。依据所有权理论，一个公司属于母公司合并范围，母公司依照所持股比例进行合并，因此，合并财务报表强调了母公司股东的权益。所有权理论存在一些缺陷与不足：一是应用范围比较窄，仅适用于几个实体控制被投资实体的特殊情况；二是把被投资实体按股权分割，切断了实体内部的经济关系，不能全面、准确地反映相关股东的利益。

（三）母公司理论

在母公司理论下编制的合并财务报表是母公司会计报表的扩展。母公司理论注重母公司相关股东的利益，旨在服务母公司股东，满足母公司相关股东的信息需求。依据重要性原则，母公司理论假定合并财务报表不能满足使用者的全部需求，仅能满足主要利益相关者的相关信息需求。这就意味着少数股东作为外部利益相关者，其所拥有的少数权益被视为一项负债，少数股东股权的收益是依据其持有股权的比例获取，其数额是依据他们持有股权的比例计算得出的。在合并财务报表中，母公司净收益排除了少数股权股东获取的净收益。在对子公司净资产合并的过程中，母公司拥有的部分按照支付的价格合并，而少数股权股东拥有的部分依照账面价值合并。母公司理论强调公司集团作为一个会计主体，同时更关注母公司及其股东的相关利益。Nobes 和 Park（2011）认为，母公司概念通常是基于法律的控制，其自身存在着相对薄弱的环节和不足：一是假定了该合并集团由一家母公司和诸多被母公司控制的子公司组成；二是不允许由多个其他公司共同控制该公司，或对于公司来说，不允许存在对其有重大影响而非控制的其他公司；三是把少数股权股东视为不重要的外部用户，其持有权益被称为“少数股东权益”。母公司理论概念主要源自编制合并财务报表的国际会计实践和历史上先行制定财务报告概念框架的准则机构。许多准则机构以母公司理论作为编制合并财务报表的理论基础，如美国财务会计准则委员会、国际会计准则理事会、国际公共部门会计准则理事会等。此外，日本、美国、英国等国家，也主要采用母公司理论编制企业的合并财务报表。

诸多学者对企业合并财务报表的编制理论进行了研究。合并理论主要涉及以下方面的问题：一是选择合并财务报表信息的功效与最恰当的合并方法，二是识别合并财务报表中少数股东权益及其作用，三是定义公司合并实体概念与界定合并范围。所有权理论是从利益相关者的视角识别公司的所有者。Van Mourik（2010）认为，所有权理论是一个代理的概念；由于在传统代理环境下，财务报告的编制旨在管理者基于对自己工作负责的基础上向所有者提供信息，所有者也会发布过去一段时间里管理者的管理业绩，管理者会被所有者追究其管理责任。Heald 和 Georgiou（2000）认为，依据所有权理论编制的合并财务报表是母公司修正的财务报表，旨在计算母公司所有者在其他实体中的权益。实体理论是把公司集团整体作为一个经济实体，其独立于它的所有者。企业编制合并会计报表使用实体理论，也就是说，公司资产的来源主要是它的债权人和所有者。Moonitz（1942）认为，实体理论作为合并财务报表编制的基础，主要源于它能够同时反映诸多潜在利益相关者的利益，如少数股东、监管机构、短期和长期债权人、管理层以及公司的大股东等；同时，在使用实体理论编制合并财务报表时，合并实体中所有的资产、负债都应合并。Nobes 和 Park（2011）认为，实体理论是把企业集团界定为一个独立的主体，控股公司和子公司对主体而言是同等重要的；合并财务报表反映整个实体的财务状况，少数股东权益作为公司债权，在拥有公司权益和权力方面与大股东权益相比有更多的限制，但少数股东的权益和大股东的权益对公司整体来说是同等重要的，即所有报告实体的利益相关者所需的信息都要考虑。Baluch 等（2010）认为，母公司理论是所有权理论和实体理论的折中。从母公司的角度看，少数股东权益被认为是一项准负债，其计量是基于子公司资产负债表中所有总额乘以少数股权的比例而得出的。因为少数股东权益不符合负债的定义，需要在合并财务报表负债和所有者权益之间单独列示。此外，部分学者认为，依据不同理论编制合并财务报表，会计的核算与处理方法存在差异，会不可避免地对实体的收入和资源配置产生影响（Hendriksen and Van Breda，1992；Rosenfield，2005）。

目前，对公共部门编制合并财务报表的理论研究相对较少。Brusca 和 Montesinos（2009）指出，企业会计理论应用到公共部门需要谨慎；在私营部门中，公司基于所有权或控制权，可以通过财务报表合并方式清晰地反映集团整体的财务状况、经营成果和现金流量；而公共部门由于自身的某些特性，如预算重要性、经费来源（如非交换交易）、基础设施、遗产以及强调公共服务而非注重利润最大化等，因此，公共部门以哪种形式（以控制权、所有权或财政资金流向等方式界定合并范围）编制合并财务报表是值得慎重考虑的，不能完全照搬私营部门。单从经济（控制）视角看，企业的合并理论可能很容易应用于某些公共部门实体（如国有企业），而从其他不同视角看，企业的合并范围、合并方法可在一定程度上应用于公共部门（Bergmann et al.，2015）。Gardini 和 Grossi（2014）认为，不同的合并理论作为公共部门编制合并财务报表的基础，会影响合并主体的界定和合并方法的选择。Alfredson 等（2012）认为，实体理论似乎更适合作为公共部门编制合并财务报表的基础，因为它能够满足诸多不同利益相关者的信息需求。通常情况下，母公司理论比实体理论应用得更广泛（Kam，1990）；然而，实体理论被视为会计现代化的基础，更适合作为公共部门编制合并财务报表的理论基础（Zaber，2014）。因此，公共部门编制合并财务报表可以借鉴企业合并理论，但需要考虑公共部门自身的特性。

第三节　编制政府合并财务报表的必要性

治理绩效卓越的政府，离不开有效的政府会计和财务报告系统（Premchand，1996；Giroux and McLelland，2003；Mcleod and Harun，2014）。高质量的政府财务报告是推进国家治理体系和治理能力现代化的基础。政府合并财务报表作为新的会计核算系统和会计报告系统之间的纽带（Cîrstea，2014），能够把诸多分散实体合并在一起，清晰地展示政府整体财务状况和运营绩效，克服传统政府年度财务报告信息不完备的弊端，满足内外部信息使用者的诉求（Chow et al.，2007，Grossi and Newberry，2009；Wise，2010；Cîrstea，2014）。因此，编制政府合并财务报表对推进国家治理体系和治理能力现代化、建立现代财政制度、政府会计改革的发展与完善具有重要且深远的意义。

一、政府会计信息披露现状

长期以来，我国政府财务信息都是依靠相应的政府预算报告披露，存在内容、形式单一的问题，系统性和可比性严重不足，无法很好地适应阳光财政以及国家治理的需求。

（一）政府会计信息披露的方式不规范

长期以来，我国实行以收付实现制为基础的决算报告制度，其重点关注财政收支预算执行情况，在实践中具有核算方法简单的优点，基本满足了政府预算管理的基本需求，能够反映政府的实际收支与现金持有。但随着社会发展和公共治理管理环境的变化，其缺点逐步凸显：首先，政府会计信息披露仅重视公开政府预算及其收入与支出的落实状况。财政收入与支出状况的会计信息公开忽视政府成本的公开。在此种会计核算基础上进行会计处理，无法准确地核算相关成本，对于一些实质上已经发生的，签订了不可撤销合同的交易，由于没有实现资金的转移，无法进行会计核算。其次，政府会计信息公开仅仅是单一的汇报预算与费用的给付状况。预算给付仅仅体现根据审批预算或者费用拨发与相关标准产生的现金给付，不能准确地体现政府财务资源耗费程度。对会计主体控制的资产、运行成本、支出效果等会计信息没有说明，无法全面准确地反映政府资产负债、成本费用，不能提供反映政府自身“家底”和财务状况的综合财务报告。这种以货币资金的流动为基础的对政府经济事项简单核算的方法已经不能适应国家治理能力现代化的要求。

（二）政府会计信息披露内容不全面

政府会计信息披露内容不全面主要表现为政府财务会计信息缺失。

首先，资产负债表是政府财务会计信息的重要组成部分，以收付实现制为基础的决算报表无法反映政府资产、负债与净资产，不能提供关于政府监控与使用经济资源的运作状况。基于收付实现制的预算会计，没有实际发生支出的资金是不能进行核算处理的，这就使政府的很多隐性负债无法在报告中充分地体现出来，影响了政府债务数据的准确性。因此，政府资产债务状况没有进行披露，缺少财务信息，以致影响政府调动能够有效配置的财政资源，阻碍了科学的宏观经济制度，还在一定程度上忽略了相关负债，加大了政府债务危机与财政风险。

其次，政府会计信息公开滞后。财政决算数据通常是在上一个财政年度完成之后才对民众公开；同时，有关财政年度中的预算落实状况没有统一的标准，在很大程度上影响了会计信息的及时性和有效性，难以满足政府监管机构及其他信息使用者的诉求。预算会计只有在收到应收款的时候才确认收入，只有在资金发生支出以后才确认成本，这种方式下，使政府部门的收入与支出配比非常不科学。在日常的经营管理过程中，业务是随机发生的，每天都有不同的业务发生，给政府部门带来收入，但是可能收到资金的时间相对固定，这就会造成收入都集中在一个时段，政府部门的收入确认与实际确认脱节，影响会计信息质量。

二、编制政府合并财务报表的意义

为了适应国家治理政府会计改革的要求，亟须建立一个更加科学有效的，能够全面、真实反映政府资产负债状况、运行情况，以及财政中长期可持续发展状况的政府财务报告体系。因此，以权责发生制为基础的政府综合财务报告应运而生。做好政府综合财务报告的核心内容，就是编制政府合并财务报表，其能够将政府财务信息真实完整地反映出来。

（一）摸清政府“家底”，提高政府资产负债管理水平

政府合并财务报表使用权责发生制的会计核算基础，从根本上突破了传统的以收付实现制会计核算基础的财政决算报告仅反映政府当期财政收支的流量信息、无法反映政府资产负债存量信息的弊端，能够真实、完整地反映政府所拥有的资产和承担的负债，有利于政府摸清真实的财务“家底”，强化政府资产和负债管理，合理配置政府资源。

1. 有利于强化资产管理，规范政府资产核算

政府合并财务报表不仅需要通过对部门系统内单位间往来和收支按权责发生制原则进行内部交易抵销，而且需要对年度资产新增情况进行反映，并对固定资产、无形资产按照权责发生制进行折旧和摊销等，全面反映现有资产的维护修缮和使用效益。通过全面清查核实部门资产，掌握资产存量、待报废资产等情况，同时对往来款项、在建工程、对外投资等重点领域进行梳理和盘查，进一步强化了部门的资产管理。因此，在编制政府合并财务报表前，各级政府及其相关部门应开展公共基础设施资产、本单位资产清查核算，做到账实相符，确保可入账的资产能够完全进入财务报告。政府合并财务报表全面准确地计算和反映政府资产情况，加强政府资产管理和预算管理，为信息管理提供有效的财务支持将有助于进一步完善财务管理的规范化、科学化、精细化。

2. 全面反映政府债务，推动政府债务管理

2009 年以来，希腊等欧洲国家爆发的主权债务危机，使政府债务承担和融资需求开始受到社会各界的广泛关注。从世界各国的经验看，政府一般都会通过举借长期债务来解决大型公共基础设施建设与使用的代际效应问题。对于这类长期债务，收付实现制下会计核算只在偿还当期予以确认，对本期应承担而在未来期间偿还的债务及支付的利息则无法反映，这往往会低估了政府的债务风险。而政府合并财务报表不仅反映政府当期的收入和支出情况，还反映历史资产和负债等存量数据；不仅反映政府当期

应偿还的债务本金及利息，还反映未来期间需要支付的债务本金及利息。这使报告使用者能够更全面、完整地了解政府的资产负债状况，及时掌握潜在的风险，并采取具有针对性的应对措施，将政府债务风险控制在可承受的范围之内。

政府合并财务报表可从整体上全面记录和披露政府负债、预计负债和或有负债等信息，并对资本性支出和往来款造成的虚增虚减费用调整等，从本质上反映真实的资本债务。各级政府及相关部门通过开展政府合并财务报表编制，可暴露出政府部门（单位）预算执行不规范、财务核算基础薄弱等问题。各级政府部门开展债权债务清理工作，进一步加大长期呆账、坏账的清理力度，结合资金往来信息，强化日常对账工作，规范单位会计核算，如政府融资平台、行政事业单位基建债务等问题。因此，编制政府合并财务报表，将政府债务纳入会计核算和报告的范围，有利于真实地反映政府的财务状况，促使政府实施稳健的财政政策，纠正融资决策，建立规范合理的债务管理系统，同时进一步使预算单位财务核算管理更加规范，促进政府提高债务风险防范能力。

（二）准确反映政府成本费用，合理评价政府绩效

政府合并财务报表可以克服传统收付实现制下收支不匹配等问题，能科学、全面、准确地反映政府的资产、负债、成本、费用和现金流量等财务信息，反映政府的履职成本，有利于解除公共受托责任，为合理评价政府运行成本与政府绩效奠定基础。

首先，政府合并财务报表通过全面反映政府运行的各类成本费用，有效促进完善政府绩效考核机制。政府合并财务报表能够更加全面完整地反映政府提供公共产品和服务的范围、内容、成本以及成本补偿的资金及来源，实现收入与成本之间的有效配比，从而有助于对政府及其职能部门在提供公共服务、改善民生、宏观调控等方面履行受托责任做出的绩效进行全面评价和考核，促进提升政府管理和服务效能。

其次，政府合并财务报表从本质上反映真实的资本债务、收入费用、现金流量等财务信息，有利于披露政府整体资源使用情况、履职成本、战

略执行和绩效情况等，加强和改进监管部门、社会公众对政府部门财务和绩效管理的监控和审查，杜绝懒政和不作为。

最后，政府合并财务报表完整地反映政府的运行成本，推动政府必须不断提高自身的管理能力，切实落实国家厉行节约的政策，压缩行政办公经费等一般性公共支出，降低行政运行成本，提高政府的运行效率。此外，政府部门合并财务报表反映政府部门运行费用，衡量部门绩效，可以提高行政事业单位的工作效果和效率。

（三）提升财政透明度，有利于防范财政风险

透明度是衡量政府治理水平的重要标准。我国长期决算的报告和报告制度表明，政府财政状况不透明，不利于立法机关、社会公众监管政府资金的分配和使用。政府合并财务报表不仅是财政信息数据的重要来源，也可为开展财政预测提供信息基础，有利于政府及时识别和管理财政风险，更好地应对未来可能出现的财政冲击。

首先，政府合并财务报表使政府财务信息与决算执行信息得到了适当区分。对政府现金流量、收入与支出等财务信息进行反映，提高财政透明度。政府合并财务报表会计核算基础采用权责发生制，能够与先行政府会计改革国家接轨，做到不同国家之间会计信息可比。根据国际货币基金组织（International Monetary Fund，IMF）的要求，政府部门需要定期向社会公众公开财务信息，提升政府财政透明度。因此，政府合并财务报表有助于为公共财政管理工作开展提供会计信息基础，并且能够为宏观经济调控提供有效的管理手段。

其次，政府合并财务报表能够全面、准确地反映政府的财务状况，尤其是能够及时监控政府债务规模及变化情况，全面揭示政府债务；同时，政府合并财务报表还提供了一系列用于对政府财政财务状况进一步分析评价的财务指标（如资产负债率、流动比率、现金比率等），使政府可以对未来几年的财政收支和资产负债情况进行预判，并将预测期从下一年度延伸扩展到3年或5年甚至更长时间，帮助政府决策者未雨绸缪。例如，通过对政府养老金负债问题的列示，能够为有关国家和地区在制定养老金政

策、平衡预算收支、实现财政可持续发展等方面提供有价值的决策参考。因此，政府合并财务报表能够帮助相关部门对政府综合财务报告中所显示的财务信息进行系统、科学的分析，并结合财政的中长期可持续状况，为政府制定合理的投资与融资规划，建立长短期结合的偿债计划，防范政府债务风险提供有效的信息支持。

（四）满足各有关方面对政府财务状况信息的需求

高质量的政府会计信息是国家治理能力现代化的基石。

首先，在经济全球化、国家治理网格化外在动因、公共行政科学化内在动力和传统文化熏陶影响的交互作用氤氲下，我国政府职能已致力于向服务型政府转变。社会形势和环境的变化，要求我国各级政府加快推行财政管理运营体制改革与创新，改变以往仅以收付实现制为核算基础的预算会计，转而在政府会计体系框架中引入权责发生制，编制政府合并财务报表，改变以往各类报表分散反映各自领域情况的做法，以政府为主体，将各类报表通过科学的方法合并在一起，完整反映政府在提供公共服务、改善民生、宏观调控等方面受托责任的履行情况，便于接受社会公众的监督。

其次，移动互联时代新媒体的兴起，社会公众获取信息的偏好、方式、途径、节奏和容量等都悄然发生了改变，政府财务信息已经成为公众关注的焦点话题。社会公众对政府财政及政务信息对外披露的要求日渐提高，社会治理主体可以将政府会计信息应用于推进社会公益事业、参与监督政府运行等领域，避免信息不对称，降低交易成本，强化政府治理。编制政府合并财务报表，公开政府财务信息是实现人大监督、社会监督的基础性条件，可以更好地应对社会经济发展中遇到的问题，有利于建立科学合理的政府财务信息披露制度，更好地满足报表使用者的信息需求，有助于报表使用者更好地了解政府的财政状况和业务情况，促进阳光财政的建设，提高政府财政的透明度。

第二章　中国政府合并财务报表编制现状评析

目前，中国政府会计核算已初见端倪，政府综合财务报告试编工作也已经转为试点编制。但是，从编制政府合并财务报表角度看，并没有适合中国国情的现成经验和模式，还存在诸多问题亟待解决，需要在不断的探索和实践中逐步推进。因此，本章首先分析了中国政府合并财务报表编制现状，在此基础上探讨当前政府合并财务报表编制中存在的重点和难点问题及其成因。

第一节　政府合并财务报表编制现状

编制政府财务报告是建立现代财政制度、推进国家治理体系和治理能力现代化的一项重要基础性工作，是全面深化财政管理改革的制度创新。党中央、国务院以及财政部等部门高度重视此项工作，进行了一系列相关制度革新，并开展了政府财务报告编制试点工作，探索路子、积累经验。

一、权责发生制政府会计与财务报告制度改革

长期以来，我国政府会计标准体系通常采用收付实现制。这种模式仅能反映资金收支活动的合规性，没有考虑与资金收支活动相联系的经济业务的实质；我国各级政府年度财政决算报告旨在满足国家宏观经济管理和本级政府对财政管理的需求，却无法反映政府公共部门的财务状况、公共资金使用情况以及运营成本等情况。这种现状已无法与推进国家治理体系和提升治理能力相适应，因此，需要进行以权责发生制为核算基础的政府会计改革。

2013 年 11 月，党的十八届三中全会明确提出建立权责发生制的政府综合财务报告制度。至此，我国权责发生制政府会计改革的大幕正式拉开，改革的推进步伐明显加快。2014 年 8 月，新修订的《预算法》第九十七条规定：各级政府财政部门应当按年度编制以权责发生制为基础的政府综合财务报告，报告政府整体财务状况、运行情况和财政中长期可持续性，报本级人民代表大会常务委员会备案。2014 年 12 月，国务院批转财政部《权责发生制政府综合财务报告制度改革方案》，确定了政府会计改革的时间表和线路图。2015 年 10 月财政部修订颁布了《财政总预算会计制度》，为推进政府综合财务报告制度建设提供了基础性的制度保障；2015 年 12 月，财政部政府会计准则委员会成立，在组织保障上形成了强有力的政府会计改革协调机制。2016 年 1 月，财政部印发《行政事业单位资产清查核实管理办法》，对全国行政事业单位国有资产进行全面清查，业内人士普遍认为，此次清查将夯实政府资产基础，为我国政府会计改革铺路。2016 年 10 月，财政部印发了《会计改革与发展“十三五”规划纲要》的通知，通知明确要求加快落实国务院批准发布的《权责发生制政府综合财务报告制度改革方案》，有序推进政府会计改革。2017 年 11 月 4 日，十二届全国人大常委会第三十次会议通过了修订《会计法》的决定，修订后的《会计法》自 2017 年 11 月 5 日起施行。新《会计法》第八条规定，国家实行统一的会计制度，这为建立权责发生制政府财务报告制度提供了法律保障。

在政府会计准则制度建设方面，2015 年 10 月，财政部颁布了《政府会计准则——基本准则》，对政府会计目标、基本假设、信息质量特征、会计要素及其确认与计量、财务报告等基本理论问题进行了规范，同时构建政府预算会计和财务会计适度分离并相互衔接的政府会计核算体系，确立“3+5 要素”的会计核算模式，夯实了政府财务报告编制基础。2016 年 7 月，财政部发布《存货》《投资》《固定资产》《无形资产》四个具体准则。2017 年 4 月，为了适应权责发生制政府综合财务报告制度改革的需要，规范政府公共基础设施的会计核算，提高会计信息质量，财政部印发了《政府会计准则第 5 号——公共基础设施》。2017 年 7 月，《政府会计准则第6号——政府储备物资》发布。2017年10月，财政部印发了《政府会计制度——行政事业单位会计科目和报表》，自2019年1月1日起施行，标志着具有中国特色的政府会计标准体系初步建成。新《政府会计制度》在财务会计核算中全面引入了权责发生制，在会计科目设置和账务处理说明中着力强化财务会计功能。通过会计制度的统一，大大提高了政府各部门、各单位会计信息的可比性，为合并单位、部门财务报表和逐级汇总编制部门决算奠定了坚实的制度基础。2018年10—12月，财政部先后印发《政府会计准则第7号——会计调整》《政府会计准则第8号——负债》《政府会计准则第9号——财务报表编制和列报》。同时，为了确保新旧制度顺利衔接、平稳过渡，促进新政府会计制度的有效贯彻实施，财政部先后印发了彩票机构、基层卫生机构、中小学校、高等学校、地质勘查、测绘、国有林场和苗圃7个补充规定、11个衔接办法，基本建成了具有中国特色的政府会计准则制度体系衔接规定。2019年7—12月，为了进一步健全和完善政府会计准则制度，确保政府会计准则制度有效实施，财政部分别印发了《政府会计准则制度解释第1号》《政府会计准则制度解释第2号》；为了适应权责发生制政府综合财务报告制度改革的需要，规范政府方对政府和社会资本合作项目合同的确认、计量和相关信息的列报，提高会计信息质量，财政部印发了《政府会计准则第10号——政府和社会资本合作项目合同》。

在政府财务报告编制相关文件规定方面，2015年11月，财政部印发了《政府财务报告编制办法（试行）》（财库〔2015〕212号)、《政府综合财务报告编制操作指南（试行）》（财库〔2015〕224号）和《政府部门财务报告编制操作指南（试行）》（财库〔2015〕223号）三项制度，对权责发生制政府综合财务报告制度改革试点工作进行了具体规范。2018年3月，为进一步推进权责发生制政府综合财务报告制度改革，规范改革试点期间政府部门财务报告编制工作，结合2017年政府财务报告编制试点情况，财政部分别印发了新的《政府部门财务报告编制操作指南（试行）》（财库〔2018〕30号)、《政府部门财务报告编制操作指南（试行）》（财库〔2018〕29号)。2019年12月，为规范政府财务报告编制工作，结合政府会计准则制度实行“双基础、双报告”的政府会计核算模式以及试点过程中积累的一些经验和遇到的问题，财政部全面修订原来的《政府财务报告编制办法》《政府财务报告编制操作指南》和《政府综合财务报告编制操作指南》等制度，并印发了《政府财务报告编制办法（试行）》（财库〔2019〕56号）、《政府部门财务报告编制操作指南（试行）》（财库〔2019〕57号）、《政府综合财务报告编制操作指南（试行）》（财库〔2019〕58号）。

总之，上述法律法规、准则制度推进了政府会计改革，并为构建权责发生制政府综合报告制度以及将要全面铺开的政府综合财务报告编制工作提供了初步且较优越的基础制度条件。

二、政府合并财务报表试编现状

政府财务报告的目标是解除政府的受托责任和提供决策的有用性，归结起来，就是要满足所有信息使用者的需求。同时，政府财务报告也是社会公众监督政府的重要手段之一。我国政府财务报告编制经历了“试编”和“试点”两个阶段。

（一）试编阶段

2011年，财政部组织北京、天津、深圳、江苏、广东等11个省市试编政府综合财务报告。2012年试编范围扩展到23个省市。2013年，试编工作推广至全国所有省份的省本级。2014年，全国所有省本级和部分市、县开始了政府财务报告试编工作。2015年，各省级财政部门继续编制本级政府综合财务报告，并在2014年的基础上进一步扩大市、县级财政试编范围，具备条件的市、县原则上均应纳入试编范围。在试编阶段，我国行政事业单位会计核算仍以收付实现制为主，各地试编政府合并财务报表的做法是单位日常核算以收付实现制为主，年终按照权责发生制原则，采取统计加估算的方法对有关数据进行调整、转换、抵销内部交易事项后编制单位财务报表，财政及相关部门依据单位财务报表再次调整、抵销、合并，最后生成政府合并财务报表。但这就使得政府合并财务报表数据的相关性和可靠性不强，并非真正意义上的权责发生制政府合并财务报表。《政府综合财务报告编制操作指南（试行）》明确规定政府综合财务报告编制的基础是权责发生制，这就需要从日常会计核算、单个财务报表编制、最终生成合并报表的整个流程都采用权责发生制会计方法进行确认、计量、抵销、合并，从而提高政府合并财务报表的信息质量。

（二）试点阶段

2017 年，财政部将政府综合财务报告试编工作转为试点工作，并选取国土资源部（2018 年改革组建为自然资源部，下同）、国家林业局（2018 年改革组建为国家林业和草原局，下同）两个中央部门以及山西、黑龙江、上海、浙江、广东、海南和重庆 7 个地区开始试点编制 2016 年度政府综合/部门财务报告，这标志着财政部落实党中央、国务院关于建立权责发生制的政府综合财务报告制度的决策部署迈出了关键一步。2018 年，财政部已将政府综合/部门财务报告编制试点范围扩大到 20 个中央部门和 20 个省市，并选择 4 个地区开始进行跨政府级次合并编制试点。2019 年，试点范围进一步扩大，40 个中央部门及全国 36 个省、自治区、直辖市、计划单列市被列为 2018 年度政府财务报告编制试点，分别编制中央部门财务报告、地方政府部门财务报告和本级政府综合财务报告。其中，上海、浙江、重庆、广东、海南、北京等 12 个地区县级以上财政部门同时编制地方政府综合财务报告，政府会计改革全面推开，进入了落地实施的阶段。

自 2020 年起，政府综合财务报告编制开启新篇章。行政事业单位全面推进权责发生制的财务会计与收付实现制的预算会计并行的会计核算新模式，基于权责发生制生成的财务会计信息为政府财务报告编制工作在全国范围内的全面铺开奠定了坚实基础。依据财政部《关于开展 2019 年度政府财务报告编报工作的通知》（财库〔2020〕18 号）要求，政府财务报告试点范围扩大到全国所有县，各地县级以上财政部门按照《财政部关于修订印发〈政府部门财务报告编制操作指南（试行）〉的通知》（财库〔2019〕57 号）规定，组织本级部门（单位）编制 2019 年度政府部门财务报告；按照《财政部关于修订印发〈政府综合财务报告编制操作指南

（试行）〉的通知》（财库〔2019〕58号）规定，在组织编制政府部门财务报告的基础上，编制本级政府2019年度政府综合财务报告。各地乡镇政府财务报告编制工作由省级财政部门根据实际情况做出规定。其中，上海、浙江、重庆、广东、海南、北京等12个地区的地方政府综合财务报告数据中包含所辖乡镇政府资产、负债、净资产、收入和费用等情况；同时，对政府综合财务报告合并范围、内部抵销等方面做出相关要求。

从总体上讲，政府财务报告历经试编与试点两个阶段，积累了一定经验，形成了一些可复制、可推广的做法，成效明显。尤其是政府会计制度实施后，政府财务报告以权责发生制为基础，以政府会计信息为主要内容，全面反映了政府财务状况、运营成果和受托责任履行状况等，在加强政府资产管理和债务风险防控，夯实现代财政预算制度根基，提高政府宏观经济决策水平和财政透明度，推动国家治理体系和治理能力现代化建设等方面取得了积极成效。但我们应该清醒地认识到，我国政府资产以各种形式存在于各级各类行政事业单位、国有企业、混合所有制企业等经济实体中，反映政府整体资产状况的政府综合财务报告还需进一步完善。政府合并财务报表作为权责发生制政府综合财务报告的核心内容，是全面完整、真实可靠地反映政府财务信息的主要载体，但我国政府合并财务报表的编制目前仍处于试点与起步阶段，仍有许多亟待解决的难题和急需完善的细节，因此，必须加快研究并全力推进政府合并财务报表编制工作。此外，完整的政府会计体系、政府财务报告审计制度、政府财务报告公开制度、政府财务报告分析利用制度等配套制度尚未建立；修订、完善相关财务会计制度、健全资产管理制度、进一步完善决算报告制度、优化政府财政管理信息系统等，都需要协同推进。

第二节　编制政府合并财务报表的难点与挑战

由于编制权责发生制政府综合财务报告制度的政策性、理论性、操作性要求高、难度较大，试编过程要面对各级政府财政现实中诸多错综复杂的实际问题和挑战，因而编制工作尚处于初级阶段，存在诸多亟待解决的难题。①

一、合并范围及方法难以确定

确定合并范围和方法是编制合并财务报表的前提和基础。

（一）合并范围

首先，政府合并财务报表合并范围扩大了。长期以来，我国政府每年提供的只是以收付实现制为基础的决算报告，仅能反映预算收支情况，并非真正意义上反映政府整体受托责任的报告。我国编制权责发生制政府综合财务报告是要全面、准确地反映各级政府整体财务状况和运行情况，既要体现已在部门决算中反映的资产，又要体现未在部门决算中反映但由单位管理或控制的资产；既要反映单位自有资产，又要反映公共基础设施、政府储备物资、文物文化资产、公共自然资源等公共资产。因此，这就决定了其合并范围比以收付实现制为基础的决算报告涉及面广，即合并报表中不仅包括行政事业单位、国有企业，而且会计科目涵盖的范围也扩大了。例如，合并财务报表中资产类会计科目除包括固定资产、无形资产外，还包括政府管理的储备物资、公共基础设施、企业国有资产、应收税款、外汇储备、黄金储备、文物文化资产等，合并财务报表的合并范围显然是扩大了。

其次，合并范围的界定标准尚不清晰。编制政府合并财务报表需要对各种报表进行合并，而在权责发生制下，合并范围的界定并没有清晰、明确的标准。在《政府财务报告编制办法（试行）》（财库〔2019〕56 号）中，只对合并范围进行了概括性的划分，这就使各级政府在进行合并时，通常会存在一定的主观性与差异性。例如，政府股权投资、投资收益相关主体缺乏明确的界定标准，导致在试编过程中对合并主体的划定存在一定的主观性；不同人员的编报口径有所差别，导致地方政府间的综合财务报告数据缺乏横向可比性。在这样的情况下，各地政府所编制的综合财务报

① 为了解我国政府合并财务报表试编过程中遇到的难题，本节设计了开放式、引导式的访谈问题清单（参见附录一），以有关财政部门为对象，通过实地调研、面对面访谈等方式，赴 X 省级财政部门、X 省下辖 A、B 两个市级财政部门、Y 省下辖 C 市级财政部门调研，了解、掌握政府会计实务人员对编制政府合并财务报表的想法与建议，旨在深入了解我国政府合并财务报表编制现状、发现存在亟待解决的难题。

告在内容上往往存在较大差异，从而难以进行有效对比。

此外，政府合并财务报表内容的重要性偏低，在一定程度上忽视了各种非会计信息。事实上，政府合并财务报表附注、解释、注释等信息，也是政府综合财务报告中不可或缺的重要内容。因此，政府合并财务报表合并范围的确定工作还存在诸多不足，需要不断进行完善。

（二）合并方法

由于被合并主体的性质和会计核算基础不同，这就决定了合并财务报表并非各个被合并主体的财务报表的简单汇总。例如，行政事业单位主要以向社会提供公共服务为宗旨，目前主要是采用收付实现制会计核算模式；国有企业主要以国有资产的保值、增值为宗旨，同时具有盈利的目的，其股份是由多个股东持有，主要采用权责发生制的会计核算模式。这些情况决定了我们在编制政府合并财务报表时不能采用同一合并方法。此外，《政府综合财务报告编制操作指南（试行）》（财库〔2019〕58 号）明确要求政府合并财务报表的合并方法主要使用分项合并、权益合并；公益性国有企业采用分项合并方法，即将资产、负债、收入、支出各项目分别并入政府合并财务报表；非公益性国有企业使用权益合并方法，仅把国有权益部分并入政府合并财务报表。此外，我国的国有企业中国有股份的比例和性质存在多样性（独资、控股、参股），国家出资企业的业务公益性程度各不相同，且目前对公益性程度缺乏可靠的、统一的标准，如何作为主体进入政府合并财务报表也存在较大的技术难度。例如，交通和水利集团在一些地市被划分为公益性企业，而在其他地市却被划分为非公益性企业，加之试编人员对国有企业经营管理范围不熟悉，所以只能由其根据职业判断界定。因此，在试编政府合并财务报表阶段，同级政府之间的财务数据的可比性较差，不利于上级政府对下级政府合并财务报表的合并。

二、会计核算基础薄弱、准则制度执行有待加强

会计核算基础薄弱，准则制度执行不够到位，这影响了政府合并财务报表编制工作。依照财务报表合并原理，合并主体编制合并财务报表是以各个被合并主体的会计财务报表为基础，因而所有被合并主体的个别财务

报表编制应当基于相同的会计政策。2019 年 1 月 1 日起，我国《政府会计制度——行政事业单位会计科目和报表》正式实施，其中规定了政府会计核算同时使用收付实现制和权责发生制两个基础，分别进行预算会计和财务会计核算，使政府合并财务报表编制迈出了至关重要的一步。但是，该制度运行才一年多的时间，行政事业单位成熟执行该制度还存在困难。

首先，我国行政事业单位长期使用收付实现制会计核算模式，反映货币资金的流动轨迹，而对非货币资金交易则不进行记录，无法完整地提供编制政府合并财务报表所需要的财务会计信息。高校、医院、中小学、基层医疗卫生机构等事业单位主要采用自身的会计核算模式。由于各类行政事业单位是依据本行业会计制度进行核算的，而不同行业的会计制度存在着差异，因此导致了财政部门编制合并财务报表所收集的相关数据来源多、口径不统一、数据可比性差的问题。例如，在会计核算方面，医院会计制度明确规定会计核算要采用权责发生制，事业单位会计制度规定会计核算一般采用收付实现制，只有部分经济业务或者事项的核算采用权责发生制；行政单位会计核算一般采用收付实现制，仅有特殊经济业务和事项才采用权责发生制核算。此外，行政单位、事业单位以及行业事业单位的报表体系与结构不统一、报表项目也不一致而导致取数难；各个会计主体的报表项目也不统一。总之，在政府合并财务报表编制过程中，财政部门需要投入大量人力对各报表反映的数据进行甄别、剔除、修正和调整，这给合并工作带来了很多困难。

其次，该制度落地执行有待进一步加强。该制度在各级政府及其组成部门中的成熟运用，要求会计核算基础从传统收付实现制思维转换为权责发生制思维，尤其是基层单位，执行困难，需要配套制度作为保障。例如，高校的资产管理、合同管理、采购、基建项目等规章制度要相应做出修改；需要行政事业单位各部门理解与支持、协调与配合，做到资产管理系统和财务信息系统协调对接，共享各项资产的相关数据；需要准确确认合同执行的时间节点，合理确定入账时间。但该制度实施后，在实务操作中存在未将基建账数据并入会计账，导致部门决算报表缺失基建部分，数据不完整。而在编制政府综合财务报表过程中，基建数据无法从部门决算报表获取，只能人为地将固定资产投资报表中基建数据添加至政府综合财务报表中。此外，虽然《政府财务报告编制办法（试行）》（财库〔2019〕56号）对政府合并财务报表的编制做了比较全面的规定，《政府综合财务报告编制操作指南（试行）》（财库〔2019〕58号）也对一些具体项目做了说明，但总的来说这些规定和说明多是原则性的，很多方面还需要进一步细化。此外，政府合并财务报表的制作还需要相关技术软件支持。在政府合并财务报表编制过程中主要通过电子表格，采用全列全调的方法，不少模块数据仍需编报者人工采集，手工录入、分析和调整，而手工方式合并存在衔接性差，操作弹性大，不仅大大增加了综合财务报告编制的工作量，而且影响了财务报表的质量。

总之，从目前政府会计准则制度实施情况来看，政府会计权责发生制会计核算相关业务对基层会计人员来说还是新兴事物，还处于摸着石头过河、积累经验阶段，在财务会计方向会遇到会计要素确认难、经济业务识别难、新旧转换计量难等难点，这些都会影响政府合并财务报表编制。

三、资产和负债账实不符且底数不清

正确地确认、计量资产和负债是编制政府合并财务报表的基础。长期以来，我国政府资产数量不清、账实不符，甚至部分资产游离于账外，还存在种类繁多的债权债务、大量政府或有负债、隐性负债等现象，这就造成各个被合并主体财务报表中的资产和负债项目数据不准，最终影响政府合并财务报表编制质量。

（一）资产计量

完善的政府资产财务信息是编制政府合并财务报表的前提，同时也是提高资产管理效率的保证。长期以来，我国财政总预算会计、行政单位会计、事业单位会计所编制的资产负债表，以现金制作为主导的会计确认基础，导致大量的政府资产（主要是非金融资产，如房屋及建筑物和设备、公共基础设施、文物文化资产等非经营性国有资产，资源性国有资产，以及经营性国有资产权益）没有被全面列报和追踪反映。尽管《政府会计制度——行政事业单位会计科目和报表》对公共基础设施类资产会计核算提出了明确要求，但在实际执行过程中，由于缺少有效的监督和检查，加上会计从业人员业务素养达不到要求，相关政府的资产建设和使用管理分散，公共基础设施建造年代久远，档案管理不健全，房产、物价等上涨因素，以及计提折旧年限和方法标准不一等多种原因，造成公共基础设施等固定资产无法核算，相关数据采集困难，不能确保数据的准确，导致最终反映的政府资产负债状况真实性值得商榷，存在财务会计信息不完整、取数难的情况。

首先，部分资产的产权归属不清，单位只有资产使用权，而资产的所有权并不明确，造成资产游离于账外。例如，固定资产，由于过去管理不规范，存在着在建工程完工后未及时办理竣工决算，长期当作在建工程处理；部分市政工程在建成移交时，大多只移交实物管理权，没有办理产权移交手续，出现了权属归属不明、漏计现象，导致上报数据不完整、不翔实，这些历史遗留问题导致管理单位零成本取得资产，缺失入账凭证而无法入账。再如，部分行政事业单位用地是由政府无偿划拨的，没有入账凭证，导致入账困难；部分公共自然资源，只能根据统计年鉴数据反映实物数量，无法估计与其相关的服务潜力是否可能实现，或者经济利益是否可能流入会计主体，因此无法作为资产准确地计入政府合并财务报表中。

其次，在目前资产管理条件下，固定资产的账面价值反映与实际管理状况相互脱节，无法真实反映固定资产的计提折旧及运营中消耗的成本，使得账实不符。固定资产报废后一直挂在账上未做报废处理，固定资产也无法真实反映。比如，资产方面，绝大多数行政事业单位固定资产只核算原值，不计提折旧，虚增了资产；对外投资采用成本法核算，出现的投资损失在未进行投资清算时不进行账面调整，造成了资产不实。在实施《政府会计制度——行政事业单位会计科目和报表》后，行政事业单位改变原来的资产管理和核算模式，按月计提折旧，并根据资产用途和类别确认费用。但在实际的编制过程中，仍采用简易方法处理折旧和摊销：按实际情况对已计提的折旧和摊销进行处理；未计提的按照资产类别，设置一定的计算方式进行简单的测算。这样的处理导致会计估计的主观性比较强，最终影响政府合并财务报表信息质量。

最后，原始资料收集难度大且不完整。城市公共基础设施，管理和核算主体不明确，规模大、时间长，难以准确计量。政府合并财务报表中要求全面披露政府部门资产，其中重要的一项就是反映市政、水利、道路等政府公共基础设施资产状况。长期以来，公共基础设施资产除少数被公益性国有企业管理外，大多数被各政府职能部门分散管理，尽管《政府会计制度——行政事业单位会计科目和报表》已经将其单独作为一个科目列示出来，但是一直以来政府投入的市政基础设施，如市交通设施、环保设施、健身设施、公共照明、广场等都未作为资产计入部门账务，并且由于资产管理制度不完善，原始资料残缺等原因，管理部门只能统计实物数量，却无法核算其具体资产金额，无法全面评估和入账。这在很大程度上影响了政府合并财务报表的完整性和准确性。此外，历史建筑、矿产资源、考古旧址、博物馆和艺术品等历史文化遗产的确认、估价需要专业领域的专业人士或专业评估机构，并非会计人员所能胜任，这又增加了资产确认和计价的难度。

（二）债务核算

及时、准确地反映政府债务是编制政府合并财务报表的关键。在编制过程中，政府合并财务报表在权责发生制原则下对负债进行合并确认和计量；已经纳入合并范围的政府债务，要准确计量应收应付的金额，为方便财政部门汇总和抵销，并在报表中单独列项进行标注，对于无法计量的隐性债务，应该用附注的形式在报告中标注，以达到全面、完整、准确地披露政府债务的目的。然而，在实践中仍有诸多难题。

首先，地方政府债务规模总体庞大，统计难度大。在我国，中央与地方在财权、事权等方面相对不匹配，财权集中于中央政府，而社会保障、基础设施建设等事权则由地方政府承担，导致地方政府财政收支存在缺口。为了弥补缺口，地方政府只能通过各种渠道举债。地方政府官员晋升与考核机制主要依据 GDP 增长和民生工程建设，导致部分官员热衷短期行为，搞“政绩工程”，加大了政府对资金的需求，进一步扩大了举债规模。我国不存在地方政府破产法律制度，因此，地方政府无法偿还到期债务时，中央政府都会进行“兜底”。基于此，导致地方政府债务总体规模庞大，债权主体难以有效界定，债务种类繁多（既包含了融资平台的贷款，又包含政府发行的债券，还包含隐性负债与或有负债等）。此外，各级地方政府债务统计口径不规范，难以获得口径一致的统计数据，缺乏可比性，甚至部分地方政府的真实债务规模根本无法统计。尽管《预算法》实施以来，地方政府的举债行为受到了相关法律法规的限制，但大多数地方政府债务隐性化、地下化，使统计难度加大。

其次，难以全面准确地披露地方政府债务。长期以来，行政事业单位会计核算主要是为预算管理服务，导致与预算不直接关联的债务信息游离于决算报告之外，难以客观地反映政府整体负债状况。编制政府合并财务报表采集的负债数据主要集中在决算报告所披露的显性负债信息，无法反映隐性负债和或有负债，更无法显示政府债务状况的完整性。尽管目前权责发生制政府综合财务报告已包含政府融资平台表内的负债情况，但由于技术上的困难，对间接负债和或有负债尚无法确认和计量；同时，由政府承担偿还责任的负债和企业承担偿还责任的负债区分不明确，无法厘清政府负债底数。另外，从目前政府债务数据反映的情况来看，对纳入政府债务限额内的债务已进行统计和反映，但对于需要跨年度负担的债务利息、需要以后年度负担的养老金支出缺口等隐性负债以及由于政府担保、诉讼等原因，没有准确核算和充分披露可能增加的财政支出的或有负债，使其游离于政府账外。虽然或有负债并非一定转化为正式负债，但是我们需要核准底数和转化的概率，从而使其在合并财务报表中得以披露。因此，政府隐性负债的确认，或有负债的披露是编制政府合并财务报表的另一重要难题。

四、内部精准抵销难

内部交易调整抵销是合并财务报表编制的关键环节。

在我国，政府合并财务报表调整抵销涉及上下级政府之间、各级政府与政府部门之间、政府部门与其下属单位之间以及政府部门之间的业务往来，导致了在编制政府合并财务报表时抵销内部交易的涉及面广、层级多、工作烦琐，给合并工作带来了诸多困难。

首先，关于抵销事项问题。被合并主体之间发生的债权债务和收入费用分别进行抵销。各级政府单位之间，由于对经济业务事项理解不同、资金往来双方记账不对应、科目不匹配、科目余额不一致，因此难以对应抵销。例如，在实际工作中，付款单位记入“其他应收款”，但对方单位没有对应记入“其他应付款”而是记入“其他收入”科目，则无法对应抵销；再如，预算单位未能及时清理往来款项，一部分往来款项由于年代久远、会计人员更换等原因造成往来款项信息不完全，借款对象、借款内容不清楚等，造成一方有历史挂账，另一方却查无记录等情况出现，无法抵销完全。

其次，关于抵销范围问题。政府合并财务报表所涉及的单位范围与合并报表编制主体相关。如某一部门编制合并财务报表，须抵销本部门、本系统内行政事业单位之间的业务事项；涉及系统外单位的抵销事项则由上一级合并报表编制主体处理。财政部门编制政府综合财务报表时，应将属于政府内部各主体之间的经济业务事项进行抵销，包括部门与部门之间发生的经济业务事项，财政和部门之间发生的经济业务事项以及财政内部不同资金主体之间发生的经济业务事项。然而，在实际工作中，却存在因部门或项目业主变更等而无法抵销的情况。例如，财政与部门间的历史往来款，部门中途出现撤并或项目业主变更，财政部门未收到相关变更通知，未进行账务变更处理，导致账务无法抵销。由此可见，政府部门之间的经济业务或事项涉及的部门多、事项繁杂，再加上部门会计基础数据不准确，要逐项确认其是否为内部抵销事项较为困难。

最后，关于报表抵销转换。政府合并财务报表是根据多种报表的数据转换加工而成的，数据抵销、调整、合并相对复杂，加上综合的合并财务报表还在一些没有完善的地方，因此还实现不了对报表数据直接进行转换。例如，同一级部门下的应收账款与应付账款要进行抵销，收入和费用要进行抵销，预收账款与预付账款要进行抵销。同时，如果往来款项不能对应到具体单位也无法进行抵销。尤其是第一次编制政府合并财务报表时，由于许多内部交易事项没有单独备注，甚至有些会计核算简单的单位没有对往来款科目设置辅助账核算，造成无法对内部往来详细列示。同时，抵销需要双方单位确认科目对应、金额一致，但现实情况复杂，许多事项只有一方确认，或确认科目不对应、金额不一致，造成无法抵销。而单位层面即各行政事业单位之间形成的债权债务，通过现有报表难以分清，因此，对内部抵销处理的事项难以核对和确认，导致报表抵销转换困难。

五、会计人员素质有待提高与信息系统配套措施不到位

（一）会计人员素质

政府合并财务报表的数据主要由单个财务报表生成，而单个财务报表数据的质量与会计人员的素质密切相关。在部分经济业务中，需要会计人员根据个人职业判断进行账务处理。因此，会计人员的知识结构、专业素质会直接影响会计业务估计、判断及会计要素的确认和计量，进而影响会计信息质量。从目前政府合并财务报表试编工作看，会计业务人员素质与工作要求差距较大。

首先，现有会计人员能力不足。在我国，长期以来，行政事业单位的会计业务主要采用收付实现制基础进行会计核算，会计处理和账务核算相对比较简单，对会计人员业务素质要求不高。而我国政府会计改革要求行政事业单位以权责发生制作为会计核算基础，与收付实现制会计相比，权责发生制会计核算业务范围更广，核算方法更为复杂，要求会计人员能够正确理解并合理运用政府会计准则和制度的相关规定，在业务上将面临更多职业判断。尽管通过近几年的财务报告试编工作以及新的政府会计制度的实施，财务人员对以权责发生制为基础的会计核算有了一定的认识和了解，核算思维也有了一定程度上的转变，但是由于长期受收付实现制会计核算基础的影响，部分会计人员习惯运用收付实现制核算处理账务，思维模式不能及时地从收付实现制转换到权责发生制，可能会出现对基础数据报表间应当抵销、调整、合并事项的遗漏或处理有误。同时，部分行政事业单位会计人员出现知识技能老龄化的趋势，思想观念和专业知识陈旧，专业技术能力差，职业胜任能力不够，对新事物接受较慢，对财务报告试编指南

并未深入理解，只是简单地将数据导入系统，导致报表数据质量不高。

其次，新进的财会人员很多没有经过专业化、系统化的政府会计相关知识的学习。政府合并财务报表编制涉及单位数量多、业务范围广、会计业务复杂，不仅需要全面梳理政府资产负债事项，还需要对多套会计报表进行调整、抵销、合并，理论性、政策性、技术性要求都比较高。这就要求相关人员既要熟悉财政财务管理，又要通晓政府预算会计。新进的政府财会人员缺乏相应政府会计专业教育背景，对权责发生制政府会计核算、政府会计制度、会计法规理解不够透彻，缺乏丰富的专业知识和熟练的业务操作技能，简单的会计处理能够胜任，但较复杂的会计业务就很难精准地处理。此外，财务人员青黄不接、交替频繁，会计队伍缺乏稳定性，也在一定程度上制约了政府合并财务报表的编制。

（二）信息系统建设

安全可靠、快捷高效的会计信息系统是编制政府合并财务报表的重要保障。依据《权责发生制政府综合财务报告制度改革方案》，我国政府会计改革的目标是构建收付实现制政府预算会计与权责发生制政府财务会计为主体的政府会计体系，以“准则+制度”的形式规范政府会计的运行。即对同一笔业务，行政事业单位需要进行收付实现制和权责发生制两种会计核算。因此，新的信息系统要同时进行两种不同的会计核算，并使两种核算进行衔接，实现信息共享，因而整个过程变得相对复杂。目前，我们还没有与之相适应的信息系统。

此外，编制政府合并财务报表包括剔除重复事项、汇总报表、编制抵销分录、编制调整分录、加总数据、试算平衡、出具报表等诸多复杂事项，信息范围极广，涵盖部门较多，受会计核算基础不一致以及内部交易等因素的影响大，通过传统手工编制报表和调整分录并逐层上报，容易造成数据填报、审核、反馈的周期长、工作量大的问题。在相关软件方面，目前尚未开发统一、科学、便捷的综合财务报告编制软件。当前，市场上存在太极华清、久其、用友等多家软件公司开发的财务报告信息系统，但不同公司开发的财务报告系统之间的数据无法实现共享共用；同时，财务报告信息系统功能不完善、运行不稳定，时常出现系统瘫痪、数据处理等待时间较长，数据丢失、信息错误、乱码等问题，制约了政府合并财务报表编制工作的顺利开展。此外，其技术支撑作用不够，目前编制政府合并财务报表使用的信息系统尚不完善，在很多技术上靠人工操作来完成，容易引起数据误操作，给财务报表的汇总、审核带来极大的困难，给工作效率和规范性也带来一定影响。

六、合并财务报表信息质量不高

高质量的权责发生制政府合并财务报表数据之间存在着合理的逻辑钩稽关系，能科学、全面、准确地反映政府资产负债和成本费用。从试编合并财务报表的实际情况看，首先，在试编过程中存在着只对各种表格项目的简单加总，即只是汇总总表，无法反映会计业务的实质，仅以数字论数字，无法揭示背后的深层次原因，这并非真正意义上的合并会计报表。其次，由于政府资产负债表数据由各部门资产负债表数据汇总得到，因此要求资产价值在时间和空间上具有可比性。如果按照企业会计中通常采用的历史成本法，将不同经济体或部门的资产负债表中不同时间的资产价值直接相加，忽略价值重估的影响，那么得到的结果将不能准确地反映资产、负债的真实情况，数据缺乏印证和稽核，影响政府合并财务报表信息质量的相关性、及时性、可靠性、谨慎性等，其效用将大打折扣。

目前，政府合并财务报表仍处于试点编制阶段，关注点主要聚焦于摸索编制方法上，以及怎样完成综合财务报告编制工作，而试编政府合并财务报表仅停留在财政部门内部掌握阶段，受限于目前财务报告质量不高、数据不准，没有经相关部门审计和对外披露，因而除财政部门外，外界并不了解相关的政府财务状况，也无法进行横向对比或纵向对比，难以准确评判政府财务状况及其变动情况。因此，相关部门对政府合并财务报表分析利用不多，实用性不强。

第三章　典型国家的政府合并财务报表编制经验

从第二章的分析可知，目前中国政府合并财务报表编制正处于探索和起步阶段，在编制过程中面临着一系列亟待解决的重点难点问题，这些问题也是先行国家编制政府合并财务报表曾经历过或者正在经历的。为此，全面、准确地分析国际上先行国家政府合并财务报表的编制过程，吸收其有益的理论观点并适当借鉴国外有益的实践和做法，可为解决中国政府合并财务报表编制中的重点难点问题提供参考。本章重点介绍了英国、澳大利亚、瑞典及意大利四国政府合并财务报表编制过程中的经验与教训，旨在从中获得有益的启示或经验。

第一节　英国政府合并财务报表编制

英国的权责发生制政府会计改革比较完全和彻底，走在世界各国的前列；同时，在公共部门财务报告方面处于领先地位。英国是第一个公布整体公共部门财务报告的国家，其改革经验已引起了广泛关注。

一、权责发生制政府会计改革

（一）新公共管理改革

英国是新公共管理改革的发源地。早在 20 世纪 70 年代末，英国撒切尔政府就对垄断国有企业进行了大规模的私有化，如英国电信、天然气、电力行业、水产业，其所有权从公共部门转移到私营部门；同时，缩减公共财政开支、削减负债，将私营部门的市场化理念引入公共部门，开始了公共管理改革。Hood（1991）最早对此种新的公共管理改革模式使用了

“新公共管理”术语。此后，这种新的公共管理改革的模式在其他发达国家和众多发展中国家推行，并使公共部门运营更加现代化与企业化，旨在更加有利于决策的制定以及更加适合对公共部门的问责。对政府活动进行问责的最好办法是衡量结果，如“有效性”“效率”“绩效”“透明度”等词语都是那时在公共部门改革中开始提出的。财政管理作为公共管理的重要领域，社会公众从过去关注政府的投入转变为更加关注产出，关注政府到底在做什么及其结果如何。然而，传统的收付实现制的会计体系在反映和核算政府资源时暴露了许多局限性，如不能准确反映政府的全部资产，不能清晰界定资本性支出和当期支出。若政府会计以权责发生制核算为基础，不仅可以有效地克服收付实现制的局限性，而且可以使政府部门更好地管控财政资金，更多地关注产出或结果，同时，有利于将公共部门提供的服务与私营部门提供的服务进行比较，因此需要对政府会计进行改革。新公共管理改革通常包含从现金制到权责发生制会计转变，以便为决策的制定提供更加适当的信息，并强化受托人的责任。因此，通常认为新公共管理为权责发生制政府会计改革提供了契机，而权责发生制政府会计是支撑新公共管理变革的基石（Hyndman，2016）。

（二）从现金制到权责发生制会计的变化轨迹

英国在权责发生制政府会计改革中采用资源会计和预算的独特概念。资源会计和预算（Resource Accounting and Budgeting，RAB）是以权责发生制为核算基础的政府会计与预算，即采用权责发生制基础进行政府预算的编制、预算执行的会计处理以及政府财务报表编制，旨在更全面地反映公共部门运行的成本，提高公共资源的使用效率。

1994 年，英国财政部发布《政府资源会计与预算》绿皮书，旨在对权责发生制政府会计改革征求意见；1995 年，其再次发布《政府资源会计与预算》白皮书，拉开权责发生制政府会计改革大幕。英国引入资源与预算会计过程中发生的主要事件如表 3-1 所示。在中央政府从现金制到权责发生制的转变过程中，政客高度重视资源会计和预算改革。例如，英国财政大臣 Kenneth Clarke 认为，人们很少能再找到比政府权责发生制会计改革更为重要的方式；同时，资源会计和预算也是财政部门非常重要的工作之一（HM Treasury，1995）。2001 年 3 月，英国政府终结了现金制的会计原则，采用权责发生制会计系统；2003 年 4 月，英国实现从传统预算向资源预算转变；而且，英国的中央和地方政府的会计基础是权责发生制，因此，英国公共部门会计改革走在了世界的前列。英国资源会计和预算改革提高了公共部门管理的效率，且增强了其受托责任。其中，资源预算使用资源会计信息为控制公共财政支出提供基础，使公共部门管理账目与外部账户相一致；资源会计使用权责发生制原则，为政府整体账户编制夯实基础。

表 3-1　英国资源会计和预算改革过程中发生的主要事件

时间	事件
1994 年	财政部发布绿皮书（咨询）
1995 年	财政部发布白皮书（政策）
1998—2001 年	试用资源会计
1999 年	即将运行资源预算
2001—2002 年	资源会计完全执行
2002—2003 年	资源预算的过渡期间
2003—2004 年	资源预算完全执行

二、英国政府整体账户

（一）英国政府整体账户的概况

英国政府综合财务报告又称“英国政府整体账户”。英国政府整体账户主要包括概况、与国民账户的比较、会计主管责任声明、治理声明、合并财务报表及附注、审计报告以及附录。2011 年 11 月，英国首次公布 2009—2010 财政年度政府整体账户；随后，英国每年都公布上年度政府整体账户。截至目前，已公布 7 个年度政府整体账户。英国政府整体账户是公共部门的一套综合的、经过审计的财务报表；例如，2017 年 7 月公布 2015—2016 财政年度的政府整体账户合并超过 6000 多家已审计的公共部门账目，旨在生成一个全面的、基于账户的英国公共部门财务状况图画。英国政府整体账户支持政府的议程，并能提供更多公共数据，因此，英国政府整体账户是迈向透明度与问责制的重要一步。同时，英国政府整体账户基于《国际财务报告准则》（*International Financial Reporting Standards*，IFRS）编制，支持公共部门实体间财务数据的直接可比性，同时，能够生成趋势数据，有助于未来的分析和决策。经独立审计后的政府整体账户，提供给议会和外部使用者，能够增强他们对政府整体账户数据的信心，并支持议会公共账户委员会每年度的有效审查。政府整体账户成功地提供了一个更完整的公共财政视角，补充了用于管理公共财政的国民核算的资料；政府整体账户也被用来支持更长期的财政分析，正如英国预算责任办公室（Office of Budget Responsibility，OBR）在年度可持续性报告中就使用了政府整体账户数据。此外，政府整体账户明确了一些以前很难计算的指标，例如，净公共服务养老金负债，私营融资计划（Private Finance Initiative，PFI）下的政府承诺，总准备金、或有负债等。

政府整体账户编制要遵守 IFRS 和《政府财务报告手册》（*Government Financial Reporting Manual*，FReM），特别是遵守相关会计和披露的要求，适用一致的会计政策；在合理的基础上做出判断和估计，包括了涉及合并不同部门会计信息的判断；要在持续经营的基础上，编制账户。为了确保政府整体账户编制工作的顺利开展，财政部成立了一个由审计委员、会计准则委员、国有企业、政府相关机构等组成的保证委员会。保证委员会的成员利用专业知识、经验向编制政府整体账户的相关会计人员提供建议。在英国，国家审计署、审计委员会、地方政府的审计机构、私营部门的审计机构审查公共部门实体年度账目，并对每一个实体账目出具审计报告。政府整体账户合并这些账目，目的是在既定年份提供公共部门一致的财务状况。因此，政府整体账户除了提供一套连贯的财务报表，同时也为公共财政的长期可持续性发展提供了思路。

（二）政府整体账户发展历程

对公共部门来说，政府整体账户的生成是全面采用权责发生制会计过程中的高潮阶段，是一个重要的里程碑。在英国 1994—1995 年度的议会会议上，议会首次提出要为中央政府编制合并报表。1995 年，英国财政部拒绝了政府整体账户合并整个公共部门。然而，1997 年，财政部改变了立场，同意研究政府整体账户的可行性。1998 年 7 月，财政部公布了《范围界定研究》（*Scoping Study*）的结果。《范围界定研究》的结果认为，对于整个公共部门，编制合并报表是最好的方法；同时，这将为政府和外部使用者带来益处。这主要源于政府整体账户将为国民经济核算提供额外的信息；同时，政府整体账户也是可审计的。由于政府整体账户中数据的获得是依照定义一致且良好的规则，并且政府整体账户数据的结构与呈现，符合企业账户风格，因此，用户可以对此有真正的信心。此外《范围界定研究》提出未来政府整体账户的编制要实现四个目标：一是通过提高宏观经济决策的信息质量，协助制定和监督财政政策；二是促进政府间财务报告的一致性，有助于融资决策；三是提供政府间资产的全面信息，有助于资本计划；四是为议会和其他用户提供全面政府绩效和财务状况的审计意见。

1998 年 11 月，英国《财政稳定法》首次以法律形式承诺编制政府整体账户。在《政府资源与会计法案 2000》（*Government Resources and Accounts Act* 2000，GRAA）中，编制政府整体账户成为法定要求。《政府资源与会计法案 2000》规定，财政部每年编制政府整体账户是其义务；随后也设定了其发布日期。财政部最初的目标是在 2005—2006 财政年度，编制覆盖中央部门已审计的整体账户。然而，这一目标被推迟到 2007—2008 年，账户的覆盖范围扩大到包括地方政府、国家卫生服务部门、国有企业。随后，财政部同意中央政府部门将使用 IFRS，因此在 2008 年的预算中，财政部宣布，政府整体账户将于 2009—2010 年发布，这与 IFRS 移植到公共部门相一致。

从政府整体账户试编过程来看，2001—2002 财政年度，财政部最初仅仅为中央政府试编整体账户；从 2005—2006 财政年度起，政府整体账户试编扩展到了地方政府、国家卫生服务部门、国有企业。政府整体账户试编过程有力地促进了政策制定、流程和程序的规范；试编过程中采用渐进的步骤，旨在公共部门会计准则的趋同。

2010 年，《政府资源与会计法案 2000》的部分法规开始实施。财政部与审计总长协商一致同意，财政部将在每个年度的 2 月 28 日之前将整体账户及与之相关的内容报给审计总长。审计总长和审计人员将依据法规核实账户及其所涉及的相关内容，审计报告将于第二个财政年度 10 月 31 日之前返给财政部。财政部将该账目、报告及其所涉及的相关内容，在第二年度 12 月 31 日之前提交给下议院。

2011 年，英国首次公布 2009—2010 年度政府整体账户；随后，英国每年都公布上年度政府整体账户。截至目前，英国已公布 7 个年度政府整体账户。当前，政府整体账户的公布为支撑政府的透明议程提供了可用的公共数据；国际货币基金组织在最近对英国的评估中，高度强调了英国政府整体账户的作用，其认为，英国政府整体账户和其他财政报告将英国置于全球财政报告实践的前沿。

（三）政府整体账户合并范围

政府边界的界定决定了政府整体账户中包含哪些实体。20 世纪 90 年代中期，英国财政部规定政府部门资源会计的边界，却受到诸多学者和专家的批评，主要归因于不是依据会计准则制定部门边界，并与英国公认会计准则中关于合并原则的理念相违背（Heald and Georgiou，2000）。然而，由于英国公共部门复杂，部门边界存在“卫星和卫星”之间的关系（Heald and Georgiou，2000），使合并范围不可能有一个连贯清晰的边界，“控制”概念并不能完全适合作为界定合并范围的基准。从财政部视角看公共性质的活动，应是非此即彼，合并范围的界定应是清晰的，因此财政部拒绝使用会计准则界定合并范围的边界。2000 年 7 月，英国议会正式通过《政府资源与会计法案 2000》，该法案要求财政部在编制政府整体账户时，以一个实体是否符合“执行公共性质职能”或“从公共资金中获取大量资金”的标准，来判断该实体是否合并进政府整体账户中。依照《政府资源与会计法案 2000》要求，财政部判断合并范围要与国家统计局（Office for National Statistics，ONS）对公共部门实体的分类相一致，与国民经济核算的范围相一致，增强政府整体账户作为理解公共财政工具的有用性。由于国家统计局对公共部门的分类不会经常改变，因此政府整体账户边界相对比较稳定、一致。例如，英国的高等院校和继续教育机构，被统计局划分为私营部门，因而没有纳入政府整体账户的合并范围。

英国政府整体账户包含的公共实体主要来自中央政府、行政分权机构（the Devolved Administrations）、地方政府、医疗服务和公营公司等。中央政府直接对议会负责，除了苏格兰、威尔士、北爱尔兰，它们对各自的议会负责。非部门公共团体（Non-Departmental Public Bodies，NDPBs）是中央政府各部门控制的其他附属团体，主要由王室和非王室机构混合构成；非部门公共团体承担一定的职能，并通过赞助的部门向各自的议会负责。例如，国民保健署（National Health Service，NHS）对卫生部门和行政分权机构负责，而基金会（Foundation Trusts）则负责监管（成立一个独立的监管机构，旨在监管基金会信托基金的业绩）；中小学校由教育部出资，向学龄儿童提供教育；地方政府包括地方当局、警察和消防部门、国家公园管理局、废物处理局以及其他属于地方政府的机构（依据统计局分类），如伦敦交通局；地方当局、警察和消防部门对当地社区负责；伦敦交通局对伦敦市长负责；国有公司依据法规（即具体的立法）成立，并对各自所属的议会负责；中央政府和地方权力机构分别控制其所属的公营公司。公营公司有相当程度的自主权，并按照商业原则开展业务。英国的公共部门提供了约 40%的国内生产总值；在 20 世纪 70 年代中期，这一指标曾达到 50%左右。政府整体账户包含的公共部门如表 3-2 所示。

表 3-2 政府整体账户包括的公共部门

<table>
<tr><td rowspan="4">中央政府</td><td rowspan="4">中央政府部门、行政分权机构</td><td>非部门公共团体</td></tr>
<tr><td>国民保健署信托基金</td></tr>
<tr><td>基金会</td></tr>
<tr><td>院校</td></tr>
<tr><td rowspan="4">地方政府</td><td>英格兰</td><td>地方当局、警察和消防部门、伦敦交通局</td></tr>
<tr><td>苏格兰</td><td rowspan="3">地方当局、警察和消防部门</td></tr>
<tr><td>威尔士</td></tr>
<tr><td>北爱尔兰</td></tr>
<tr><td rowspan="3">国有公司</td><td>贸易基金</td><td></td></tr>
<tr><td>公营公司</td><td></td></tr>
<tr><td>其他部门</td><td></td></tr>
</table>

此外，英国政府整体账户的合并范围不断扩展完善。例如，2009—

2010 英国财政年度政府整体账户包含大约 1500 家公共机构；2011—2012 财政年度政府整体账户包含大约 3000 家公共机构；2012—2013 财政年度政府整体账户包含大约 3800 家公共机构；2013—2014 财政年度政府整体账户包含大约 5500 家公共机构；2014—2015 财政年度和 2015—2016 财政年度政府整体账户包含公共机构大约稳定在 6000 家。然而，英国政府整体账户并未合并所有的公共机构，仍存在一些被排除在合并范围之外的机构，如在 2009—2010 财政年度，一些微小实体由于不能提供财务数据或提供的数据质量不合格，没有进行合并，这在本质上不会对政府整体账户造成影响；2014—2015 财政年度把微小实体的标准界定为总支出、收入、资产、负债少于 1000 万英镑的机构，这些实体主要包括区议会。国家审计署、苏格兰审计局、皇家财产局、选举委员会等机构主要对议会负责，而不是对政府的行政部门负责，因此没有包括在政府整体账户之内。此外，一些金融机构也被排除在政府整体账户之外，如苏格兰皇家银行被认为是政府的金融投资，而没有被合并，这主要源于会计政策和年终的差异，合并英格兰皇家银行在技术方面具有挑战性，同时政府不打算长期保留苏格兰皇家银行的股份，并开始出售其股份，合并将会花费很多时间，且成本与收益不匹配。2015 年 10 月 30 日，房屋协会被国家统计局归类为公共部门；然而，政府正在实施一项措施，解除对住房协会的管制，并将其归入私营部门。因此，房屋协会也被排除在政府整体账户之外。在 2014—2015 财政年度，由于政府在劳埃德银行集团（Lloyds Banking Group）持股减少，国家统计局把其归为私营部门；在 2015—2016 财政年度，政府持股减少到 9%，仅被视为一项金融投资，因此劳埃德银行集团没有并入政府整体账户。当前，还有一些实体因自身具体情况而被排除在政府整体账户之外，如英国羊毛营销委员会、广播电视委员会、科芬园市场机构等，但它们正在被审查，将来可能被合并。

（四）英国公共部门会计准则

英国在资源与预算会计改革时，希望公共部门权责发生制的会计核算原则尽可能与企业所采用的原则相一致，旨在与企业会计准则趋同。《财政稳健法》明确要求资源账户的核算要遵循英国公认会计原则。在 2001—2002 财政年度与 2008—2009 财政年度，英国会计准则委员会（Accounting Standards Board，ASB）发布了英国公认会计原则，并视其为公共部门会计的基础。在英国，公认会计原则不仅适用于私营部门，而且也适用于公共部门。此外，公认会计原则应用于私营融资计划[①]一直伴随着争议。受到财务报告咨询委员会的压力，英国政府决定，英国公共部门的会计基础要从英国公认会计原则转向 IFRS（FRAB，2007），旨在公共部门实体资产负债表中私营融资计划的会计确认。英国的私营融资计划引致公共部门会计准则转变，显示了会计规则、基本规则在面对不同利益相关者的利益时，可能是不可持续的（Hodges and Mellett，2012）。

自 2009—2010 财政年度起，英国公认会计原则被国际会计准则理事会发布 IFRS 所取代。当前，英国的中央与地方政府主要以 IFRS 作为公共部门会计准则的基础；但也存在与 IFRS 相背离的方面。例如，对资产负债表中资产的计量方式，英国引入市值（公允价值），即对流动资产、非流动与库存资产进行重新估值（HM Treasury，2010）；而 IFRS 要求对大多数类型的资产使用历史成本法计量。此外，英国财政部以 IFRS 为基础编制了 FReM（HM Treasury，2008）。FReM 是编制政府整体账户以及每一个政府部门的合并财务报表的技术指南。FReM 每个财政年度都及时更新，并未对编制财务报表要求相同的格式与内容；不同部门可以有所变化。但 FReM 要求中央政府的相关部门财务报表的内容与格式是统一的；同时，要求每套合并财务报表中会计政策是统一的，但也允许它们存在一些差异（如固定资产折旧年限的选择）。因此，FReM 对编制政府整体账户将提供“充分趋同的会计政策”（FReM，2010）。然而，纳

① 英国私营融资计划（PFI）的合同契约要求公共部门使用私营部门提供的设施，控制或监管私营部门的服务；同时，规定了合同契约结束后，控制资产的重要权益归属；正如购买的资产一样，PFI 契约中的资产需要在政府财务报表中记录。PFI 运营商的相应责任被确认为 PFI 责任，其账户分为支付利息、服务的资金和收费。如果不满足上述条件，私营部门提供者将把资产和所付款项视为服务费；其中英国公共基础设施投资主要使用私营融资计划，其目的在于获得有效的服务，而并非最终公共基础设施的所有权；然而，英国 WGA 账户中并没有全部 PFI 契约，主要源于 WGA 包括许多实体中都有 PFI 合同，私营部门对 PFI 资产拥有更大的控制权。随着会计准则允许灵活反应会计信息，2015—2016 年度英国 WGA 是在财务报表附注中披露了重要 PFI 合同契约。

入政府整体账户合并范围的公共部门主体应用的会计政策仍存在不完全一致的方面。例如，英国地方政府遵循英国特许公共财务与会计师协会制定的《实践操作指南》进行会计核算和编制财务报告，其中，对于基础设施采用历史成本法估值。然而，中央政府和政府整体账户则根据英国财政部发布的 FReM 要求，采用折旧后的重置成本法对资产计价。为了解决这一问题，英国特许公共财务与会计师协会正在修改《实践操作指南》，指导地方政府在 2016—2017 财政年度以重置成本法评估公路基础设施的价值。

三、英国政府整体账户的特点

（一）政府整体账户与国民经济核算趋同协调

在英国，财政部编制政府整体账户，并遵循 IFRS；国民经济核算是依据《欧洲国家和地区账户体系》的统计标准，由国家统计局独立编制。其中，编制国民经济核算所需时间要比政府整体账户短。从外部看，国民经济核算主要使用了经济理论框架，而财务报告使用自身基于会计理论建立的框架；政府整体账户和国民经济核算的数据并不是在同一概念框架或同一套规则下获取的，因此两个系统之间趋同协调是很难的，而且并没有多大意义（Jones and Caruana，2014）。然而，Heald 和 Georgiou（2011）认为，两个系统之间的协调能够提高财政透明度、强化问责制。

在英国，尽管政府整体账户和国民经济核算之间存在差异，但它们之间还存在许多相似的方面。例如，它们都采用权责发生制会计核算基础对发生的经济事项进行确认计量；它们都编制了财务状况、收入与支出分析以及其他变化细节的报表；它们都不包括将来的收入、将来的资产以及将来可能发生的负债（将来福利和国家养老金支付）。若将政府整体账户和国民经济核算两者结合起来，则能够更全面地反映政府的财政风险。例如，英国预算责任办公室通过年度财政可持续报告和已公布的政府整体账户的长期负债信息，独立评估未来公共财政可持续性。

为了政府整体账户和国民经济核算两者之间相互可以对账、验证，便于理解，英国财政部把国家统计局对公共部门实体的分类标准作为界定政府整体账户合并范围基准的重要参考。此外，英国政府整体账户的附件 1、附件 2、附件 3 分别列出合并实体、没有合并实体以及排除在合并范围之外的微小实体的清单。通过政府整体账户附件，可以很清楚地看到政府合并财务报表中包括的实体，以及存在争议被排除在合并范围之外的实体。然而，英国审计署对这样的做法似乎并不太满意，主要源于政府整体账户的要求与 IFRS 的要求并不一致；因为，IFRS 有自身的应用参照标准。同时，依照国民经济核算概念，编制的政府合并财务报表也不是如它声称的那样完整（Humphrey and Moll，2008）。然而，Heald 和 Georgiou（2011）认为，两个系统之间协调衔接能够减少由会计操纵而导致扭曲财政透明度的风险。

政府整体账户并非国民经济核算的替代，两者应是参考不同的国际标准独立发展，可以进行互补。英国财政部认为两个系统是为不同的目的而设计的：国民经济核算主要用来评估英国经济与财政状况，旨在决策制定；而政府整体账户是基于会计准则的报告，为长期可持续发展提供新的视角，同时，以人们熟悉的企业方式提供数据。此外，政府整体账户与国民核算一样，没有向政府提供一套政策处方，也不是控制支出和确保物有所值的主要工具。政府整体账户的主要作用是提供政府财政综合状况，特别是对前瞻性负债的反映，具有更高的价值。因此，我们要清醒地认识到，政府整体账户和国民经济核算是为不同的目的而编制的，并非在同一问题上不同的观点——它们是可以合法地得出不同的结论的。

（二）政府整体账户编制流程凸显了清晰化、信息化

当前，从国际上看，大部分国家编制的政府合并财务报表主要是中央政府合并财务报表或地方政府合并财务报表；很少有国家从整体层面编制政府合并财务报表。英国公布的政府整体账户合并整个国家公共部门的信息，其中也包含地方政府及其相关部门。因此，英国政府整体账户的编制与其他编制的国家相比，面临着诸多困难和挑战，尤其是在最初开始编制的几年。其困难和挑战凸显在四个方面：一是界定公共部门的范围，即政府整体账户应该包括哪些实体；二是公共部门的多样性，以及部门之间使

用不同法定的基础、不同会计框架以及不同会计政策；三是公共部门之间诸多内部交易抵销；四是大规模的数据收集工作。此外，英国政府整体账户由财政部编制，而财政部并不是控制所有实体的母公司；解决单个实体审计问题或财务管理问题是在财政部直接控制范围之外。这导致财政部在数据质量、信息披露、会计准则的解释、周期时间等方面的授权受到了限制。针对此种现状，英国财政部规定了清晰的政府整体账户编制流程，同时在编制过程中引入信息技术。

首先，在政府整体账户编制流程清晰化方面，英国财政部为英格兰和威尔士制定了需要提供政府整体账户信息的实体清单；对于北爱尔兰则单独制定清单；而对于苏格兰则使用行政权力要求其提供实体信息。其次，所有政府实体都要根据已审计年度账目完成数据收集，并提供政府整体账户中其他实体交易和余额的信息；同时，要求实体必须有被审计的信息。再次，政府整体账户实体之间的交易和余额将被抵销是合并的一个重要部分，并要求来自不同会计框架的信息也需要调整一致，旨在使信息披露一致。最后，财政部编制财务报表、附注及附件、相关报告，并审查财务信息提供的总体情况，审查账目是否符合目标、提供一致的信息披露是否符合会计准则，旨在为政府整体账户提供真实和公允的账户价值。这些都要求服从管理评审和审计。

英国采用自下而上的模式编制政府整体账户，对大量的内部交易和余额的抵销，都依托信息技术开展合并抵销。当前，英国财政部使用综合在线信息系统数据库（On Line System for Central Accounting and Reporting, OSCAR）编制政府整体账户。在英国，政府整体账户中每个合并主体都会被分配唯一的内部交易识别代码，以便财政部能识别并抵销各主体之间的交易。在财政年度结束时，中央和地方的所有合并主体需要依据其年度财务报表数据，按照政府整体账户编制的格式要求，通过信息收集工具向财政部综合在线信息系统数据库系统报送各项信息。其中，地方财政部门将地方各部门（单位）使用收集工具录入的数据，经过逻辑关系检验无误并提供相关附件后，提交财政部。财政部接收相关数据，将符合要求的数据上传至综合在线信息系统数据库系统，由系统对从中央到地方各层级的数据进行汇总合并，并产生政府部门内部交易的相关信息，将不匹配的政府部门内部交易信息报告反馈至地方政府，要求其及时更正。地方各部门根据财政部反馈的结果调整内部交易录入等信息，并按照外部审计要求做相应数据调整，审计人员验证数据后，再次向财政部提供最终数据。财政部接收地方政府各部门经过审计的数据，再次验证无其他错误后，留存地方各部门数据，最终编制政府整体账户。

（三）风险视角下的政府整体账户

英国政府整体账户是公共部门的一套合并报表，旨在全面反映、基于账户的任何一年内的政府财政状况。然而，政府整体账户并非像其所说的那样完整（Jones and Caruana，2014），而是存在诸多风险和需要进一步完善的方面。

在编制过程中，政府整体账户是合并的合并，是在其合并的基础上对一些部门实体和地方政府再次进行合并。这可能会造成在政府整体账户中被合并实体收益不准确，导致实质的不平衡的风险；同时，还存在部分实体未能成功提供数据或延迟提交政府整体账户的情况。此外，内部交易和余额的不匹配和没有完全抵销，也会导致政府整体账户实质上的数据错误。为了应对政府整体账户合并和编制过程中的关键风险，英国财政部要定期审查主要风险，并确定和实施缓解措施。例如，英国财政部制定了一个控制和验证框架，旨在对账户编制进行控制，并监管和验证控制的有效性和完整性。养老金负债是英国政府综合财务报告中最大的责任账户。养老金在政府综合财务报告中存在三种关系：一是中央政府内部未资助的养老金计划（如公务员、武装部队、医疗服务人员、教师等的养老金计划）；二是地方政府的养老金计划；三是国家养老金计划（对全体居民），即国家保险。资产与负债之间的差额，应该代表公共部门所承担的全部责任，但这并不完全反映养老金对未来公共财政的影响。公共养老金负债价值的变化非常敏感，并具有很大的不确定性，如随着通货膨胀养老金会不断增加。此外，养老金若出现现金支付缺口，需要由财政部解决（HM Treasury，2013）。政府资产负债表最重要的是如何反映养老金的财务状况

(Newberry，2011)。财政的作用是管理金融风险，而不是满足政府财务报表的需求。因此，财政部管理金融风险所起到的作用远远大于财政支持审查（制定未来几年的预算）、预算与评估过程（获取法定确立来使用资源和现金）。

此外，从国家层面上看，英国政府整体账户被视为一个补充财政指示器，能够从一个重要的视角反映国家财政问题。尤其是在经济衰退时，政府整体账户能够从一个更为广泛的视角清楚地反映政府整体财务状况，有助于政府的决策制定。然而，英国财政政策焦点是借款、净债务和马斯特里赫特指标；财政的作用主要是管控金融风险，而不是满足政府财务报告的需求。由于政府整体账户存在估值的问题，因此并不能全面、准确地反映政府财政风险；编制政府整体账户的过程以及政府整体账户生成的数据信息，旨在能够提供更多有用的信息。

第二节　澳大利亚政府合并财务报表编制

澳大利亚权责发生制政府会计改革始于20世纪80年代，不仅是较早进行政府会计改革的国家之一，也是在政府会计和预算中采用权责发生制比较完全、改革较为彻底的国家。同时，在政府合并财务报表编制方面，澳大利亚是重要的先行国家，已有较为成熟的编制经验与模式。

一、权责发生制政府预算与会计改革

（一）改革的背景

20世纪80年代，澳大利亚联邦政府及各州政府的财政都面临赤字、通货膨胀、债务等问题，经济增长陷入了低谷；同时，由于公共服务的规模和范围不断扩大，政府运行成本、公共财政支出增加，导致了社会公众对公共资金、其他公共资源的使用以及公共部门运行效率的关注不断提高。同时，20世纪80年代起，以市场为基础的管理及企业化政府等有关政府的新理念开始兴起，这使得澳大利亚政府重新审视政府及公共部门的管理模式，并借鉴英美等国的新公共管理改革的经验对本国行政管理体

制、公共财政支出进行改革，这其中就包括了权责发生制政府预算与会计改革。在20世纪80年代之前，澳大利亚政府预算管理和政府会计体系主要使用了收付实现制，预算管理重点强调合规性，财政过程缺乏公开性和透明度，没有注重公共资源的使用效果和效率。而政府会计与预算相比，在财政管控中处于次要的地位，仅定位为政府预算的工具以及预算体系的附属品。政府会计核算内容主要是财政资金的收支，并不能完全反映政府活动及其所提供的服务成本的信息，因此，政府会计信息不利于评价政府的服务质量和工作效率。政府会计的目标是反映预算执行情况及监督预算执行的合规性，并不能做到部门预算信息和实际财务及业绩信息之间可比，不利于业绩管理和监控。而权责发生制政府预算与会计改革能够改进公共资源配置和管理的方法，提供更全面、可靠、相关的资产和负债、收入和费用的信息，提升公共资源的使用效果和效率，促进公共部门更有效地管理，强化公共部门对政府和议会的受托责任。鉴于此，在20世纪80年代，权责发生制政府预算与会计改革成为澳大利亚政府一种必然的选择。

（二）改革的实施进程

自1984年起，澳大利亚联邦政府就着手对政府预算和报告体系实施改革。1984—1988年，澳大利亚联邦政府财政部强化了对政府各个部门的财务管理，并在部分部门中开展了以权责发生制为基础的资产确认、记录和核算的试点工作；澳大利亚公共部门会计准则委员会构建了公共部门会计概念框架。20世纪90年代初，澳大利亚国家审计委员会也意识到了收付实现制的会计核算基础对政府资源实施管理并不适合。1992年5月，澳大利亚联邦和州成立了联合工作小组，研究政府部门转向以权责发生制为基础的财务报告。澳大利亚采取“一步到位”的做法推行政府会计和财务报告制度改革，即直接从收付实现制改为完全的权责发生制。自1994—1995财政年度开始，澳大利亚联邦政府以权责发生制作为计量基础，要求政府部门以权责发生制为基础编制经审计过的财务报表。1997年，澳大利亚联邦政府颁布《财务管理与责任法案》，该法案是联邦政府管理公共财政和资产的现代化法律框架；同时，该法案为联邦政府公共理财、政府绩效评估、会计制度制定，即对公共资金与资产的使用管理以及如何处理做出明确的规定，这也为更好地推进政府会计改革打下了坚实基础。1998 年，澳大利亚联邦政府颁布了《预算诚实法案》对公共财政管理和报告方面做出明确的规定，引入了一系列财政政策管理的原则，提出了若干增加透明度的要求，以保证政府的财政运行结果有恰当的计量标准。此外，在预算改革方面，澳大利亚主要采取了两项措施：一是计量基础发生了变化，由收付实现制转为权责发生制，主要解决如何计量的问题；二是在成果和产出框架下编制权责发生制基础的报告，主要解决计量什么的问题。自 1999—2000 财政年度起，澳大利亚的年度预算也引入权责发生制。因此，政府预算与会计都是以权责发生制为核算基础的，这为政府合并财务报表编制打下了坚实的基础。

二、政府合并财务报表编制实践

（一）概况

澳大利亚是一个拥有三级政府的联邦体系，其中州政府主要包含 6 个州和两个领地。在实践中，澳大利亚整个政府通常指联邦政府或州政府；澳大利亚整个政府合并财务报表主要指联邦政府或州政府的合并财务报表。

1988 年，新南威尔士州率先开展政府合并财务报表的编制工作。随后，新南威尔士州财政部编制了 1987—1988 财政年度和 1988—1989 财政年度的政府合并财务报表；以后的每个财政年度，新南威尔士州都编制了政府合并财务报表。当时，无论公共部门或私营部门，澳大利亚会计准则都没有解决合并财务报表编制问题。直到 1991 年，澳大利亚会计准则委员会（Australian Accounting Standards Board，AASB）发布了 AAS24——合并报表；然而，AAS24 仍没有解决政府整体的合并财务报表是否应该在联邦政府、州政府层面进行编制。进入 20 世纪 90 年代，澳大利亚联邦及其他各州政府都纷纷编制并公布政府合并财务报表。例如，西澳大利亚 1994 年对外公布合并财务报表；联邦政府 1995 年对外公布合并财务报表；维多利亚 1997 年对外公布合并财务报表。此时，澳大利亚联邦政府、州政府的合并财务报表的公布主要受审计委员会审计政府财务的影响。整个政府合并财务报表经常被用作批评前任管理的证据（Victorian Commission of Audit，1993；National Commission of Audit，1996；Walker，2009）。在政府合并财务报表审计方面，新南威尔士州对早期编制合并财务报表仅是审查，并非真正的审计。例如，新南威尔士州最初的财务合并包括了政府部门、法定机构、整个政府，但审计长只审查了合并的组成部分，而没有对整个政府报告进行审查。此外，1986—1992 年，新南威尔士州审计长仅审查了合并财务报表的“合理性”，这主要源于政府及其相关机构未使用权责发生制会计所导致的。新南威尔士州政府合并财务报表的真正审计开始于 1992—1993 财政年度，其与该州全面实施权责发生制的政府会计的时间相吻合。到 20 世纪 90 年代后期，澳大利亚联邦和州政府都发表了经审计的政府合并财务报告，如表 3-3 所示。

表 3-3 澳大利亚联邦、州政府首次公布、首次审计合并财务报表情况

名称	年份							
	1987—1992	1993	1994	1995	1996	1997	1998	1999
联邦政府				A		B		
新南威尔士	A、A*	B						
维多利亚						A、B		
南澳大利亚						A		B
西澳大利亚			A			B		
塔斯马尼亚								A、B
昆士兰						A	B	

注：财政年度截止时间为 6 月 30 日；A 表示首次公布合并财务报表；A* 表示接受审计长的检查而非审计；B 代表首次审计合并财务报表。

（二）公共部门与报告实体

澳大利亚州和联邦政府的公共部门包括了一般政府部门（General Government Sector，GGS）、公共非金融企业部门（Public Non-financial Corporations，PNFC）、公共金融公司（Public Financial Corporations，PFC）。其中公共金融公司履行中央银行职能，可以接受存款，并有权在市场上承担负债和收购资产。公共非金融公司通过商业模式为消费者提供商品和服务，其资金主要来自商品和服务的出售；其所有权归属于政府，但从法律意义上来说，还是与政府存在区别的。一般政府部门是非营利机构，旨在提供非市场的服务，资金主要来自税收。公共部门结构如图 3-1 所示。

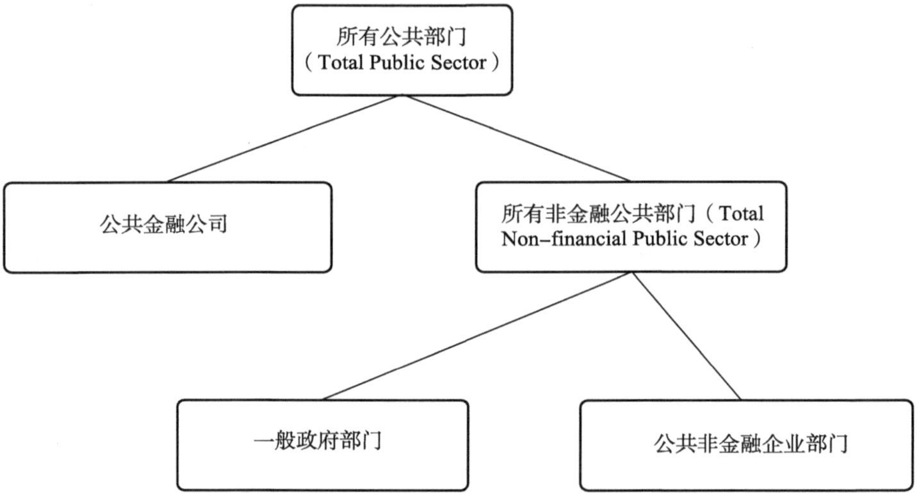

图 3-1　澳大利亚公共部门结构

澳大利亚的国家立法机构是联邦议会，国家行政机构是联邦政府，国家司法机构是联邦高等法院，三者采取三权分立的原则。澳大利亚政府合并财务报表的报告实体主要指联邦政府或州政府①。澳大利亚政府合并财务报表的报告实体包括了澳大利亚政府及其控制的非公司制的联邦实体、公司联邦实体以及澳大利亚政府持有控股权的公司。因此，澳大利亚政府合并财务报表的信息主要反映澳大利亚政府所有控制的实体，以及一般政府部门、公共非金融企业部门、公共金融公司等公共部门的整体信息。澳大利亚政府实体的行业分类遵循了国家统计局为政府财政统计（Government Finance Statistics，GFS）目的而使用的行业分类方法；

① Walker（2009）认为，澳大利亚地方政府是在州（地区）的立法下运行的；地方政府不能制定法律，远没有自治，并非真正意义上的政府。州政府可以解散其议会，任命行政管理人员；可以制定地方法规，并强制地方议会收购或剥离资产，或承担一些责任。因此，地方政府是由州政府控制。但州和地方政府合并财务报表合并的理由主要源于目标，并不是因为控制。

同时这种分类方法也是基于国际货币基金组织发布的国际标准。

澳大利亚联邦和州政府合并财务报表的报告实体并非一成不变，而是在不断变化的。新南威尔士州报告实体变化主要是由立法修改案和行政指令变更所导致的。例如，2015 年 9 月 1 日，新南威尔士州保险监管局依据《州保险和治理法案 2015》成立，汇集了金融、服务、创新等多种职能，工作覆盖原有多家机构，以致机动车事故管理局、保障机构（Work Cover Authority）及工作安全委员等机构被取消；2015 年 9 月，由于工作交叉混杂，新南威尔士州发布行政管理指令，取消体育工作协会，将其工作职能转到体育办公室。澳大利亚联邦政府报告实体范围在 2015—2016 财政年度也发生了变化，不再合并移民与难民审查法庭、保险管理委员会、电信综合服务管理机构等；同时在报告实体中新增控制实体，澳大利亚数字卫生机构、数字转换办公室等。

（三）编制基础与合并原则

澳大利亚联邦政府和州政府财务报表的会计核算基础是权责发生制。澳大利亚会计准则 AASB1049——整体政府和一般政府财务报告是联邦政府和州政府各自编制合并财务报表共同遵守的基础。依据 AA1049 的规定，政府合并财务报表包含一般政府部门的财务信息需要单独列示。AASB1049 在一定程度上抵销了政府财政统计与一般公认会计原则的冲突；同时，AASB1049 要求在政府合并财务报表编制中对会计政策的选择要与统计局财政统计手册（ABS GFS Manual）尽可能一致。然而，澳大利亚联邦政府和州政府在合并财务报表的其他编制基础方面仍存在差异：澳大利亚联邦政府编制政府合并财务报表主要遵循《公共治理、绩效与问责法案 2013》（*Public Governance*，*Performance and Accountability* Act 2013，PGPA Act）第 48 条[①]的要求；新南威尔士州编制政府合并财务报表依据《公共财政与审计法 1983》；澳大利亚首都领地编制政府合并财务报表主要依据《财务管

① 自 2014—2015 财政年度，《公共治理、绩效与问责法案 2013》开始作为联邦政府合并财务报表编制的依据；而在之前主要依据《财务管理和问责法 1997》第 55 条的要求编制联邦政府合并报表。

理法案 1996》；昆士兰编制政府合并财务报表主要依据《财务问责法案 2009》。因此，联邦政府与州政府编制合并财务报表的基础并非完全相同。

澳大利亚联邦政府和州政府合并财务报表包括所有受控实体的资产、负债、权益、收入和支出。澳大利亚政府合并财务报表主要采用“控制”概念合并受控实体。“控制”概念界定为实体能够从另外一个实体中获取可变报酬，并有能力通过其权力影响这些报酬，进而指导实体的活动，即为控制一个实体。在此情景下，“控制”概念的存在并不意味着要求受控实体执行法定或专业职能。在澳大利亚政府合并财务报表的合并过程中，报告实体与控制实体之间，以及政府部门之间的所有交易事项都需要抵销。同时，需要对实体层面使用的不同会计政策进行修正，以确保在报表中采用一致的政策。在选取合并方法方面，澳大利亚联邦和州政府对于一般政府部门的合并财务报表主要使用完全合并方法合并；对于公共非金融企业部门（Public Non-financial Corporations，PNFC）、公共金融公司（Public Financial Corporations，PFC）的合并财务报表主要使用权益法合并。

三、政府合并财务报表的特点

（一）政府合并财务报表与政府财政统计核算体系的协调与对账

在澳大利亚，整体政府和部门层面有政府合并财务报表和政府财政统计（GFS）两种报告体系。政府合并财务报表依据政府会计准则编制。政府财政统计核算体系（A System of Government Finance Statistics）是从经济角度反映政府治理国家、管理经济社会活动运行情况的多功能体系。政府财政统计依据国际货币基金组织发布的政府财政统计系统编制。Micallef 等（1994）认为，澳大利亚政府统计局发布的财政统计报告是特定目的，而非通用目的的财务报告，只有设计和编制全面、应计制的财务报告，才能披露政府财务状况、绩效和投融资活动的信息。澳大利亚政府合并财务报表向用户提供政府管理工作及受托资源管控的信息。政府合并财务报表的信息主要包括政府和部门的财务状况、绩效和现金流量，旨在帮助评估澳大利亚政府和部门的活动对宏观经济的影响。

长期以来，澳大利亚联邦政府一直重视政府合并财务报表与政府财政统计协调与对账。从 1995 年起，澳大利亚联邦政府（新南威尔士州从 1998 年起）要求，公布的政府合并报表要与统计局的政府财政统计核算报表基本一致，即公共部门实体是否属于一般政府、非金融公共贸易企业（Non - financial Public Trading Enterprise，NFPTE）、金融贸易企业（Financial Public Trading Enterprise，FPTE）。2000 年以来，澳大利亚联邦财务报告委员会（Financial Reporting Council，FRC）有效地控制了准则制定过程，并任命澳大利亚会计准则委员会成员。2002 年，澳大利亚联邦财务报告委员会认为政府编制的财务报表是基于一般公认会计原则，而预算文件与财政结果报表是基于政府财政统计的框架。澳大利亚政府和其他利益相关者对公共部门财务报告更感兴趣，因此，澳大利亚联邦财务报告委员会指示澳大利亚会计准则委员会进行一项紧急优先的任务，即趋同政府财政统计和一般公认会计原则报告。这一任务的结果导致澳大利亚会计准则委员会 2006 年 9 月发布了 AASB1049—— 一般政府部门的财务报告，之后在 2007 年 10 月修订为整体政府和一般政府财务报告。当前。AASB1049 是编制澳大利亚联邦与州政府合并财务报表遵循的基本原则，然而，AASB1049 仅要求政府合并财务报表关键的财政总量数据与政府财政统计协调对账。为了满足政府账户的不同使用者的需求，AASB1049 要求政府合并财务报表和政府财政统计做出对账和解释，即统计局的财政统计报表中的统计方法与财务报告中的计量方法进行比较，并解释两个报告框架下财政数据之间的差异。此外，澳大利亚统计局政府财政统计系统的原则和规则——《财政统计手册》的概念、来源和方法已被用于财务报表的编制中，但与澳大利亚会计准则发生冲突的情况除外；同时，为了适应国家财政统计的需求，《财政统计手册》也在不断进行修订，因此，需要政府合并财务报表附注中披露会计政策与财政统计的差异。例如，2015—2016 财政年度，澳大利亚联邦政府及部门的财务报表是在 2014 年 7 月 1 日开始生效的《财政统计手册》的基础上编制的；同时，政府合并财务报表所反映的关键财政汇总数据与依照《财政统计手册》计量的财政数据有着实质的不同，因此，需要在合并财务报表附注中披露两种方法之间协调、对账的措施。

（二）资产的估值凸显公允价值计量模式

资产是一个重要会计要素，其在政府合并财务报表中所反映会计信息的质量会影响会计信息使用者的决策。财产、厂房和设备是资产重要的组成部分，使用不同计量属性进行会计计量会产生不同的资产数额。在澳大利亚，财产、厂房和设备主要使用公允价值的计量属性，旨在满足会计信息使用者的诉求。然而，澳大利亚联邦政府与各州政府在使用公允价值计量属性时仍存在差异。

澳大利亚联邦政府的财产、厂房和设备是以公允价值进行计量的。财产、厂房和设备的公允价值由市场决定，主要参照市场上类似资产的价值。如果市场上缺少公允价值的证据，由于厂房、设备等专有性质的资产很少出售，公允价值的估计可使用净现值/折现现金流量，或折旧重置成本法。某些小的实体和公营公司在财务报表中使用成本法计量财产、厂房和设备；澳大利亚联邦政府在编制政府合并财务报表时，需要对其进行调整。在折旧计提方面，土地不计提折旧，大多数建筑物、厂房、设备和基础设施使用直线折旧法计提折旧，同时规定各类资产的折旧年限。在无形资产摊销方面，软件在预期使用寿命内使用直线法摊销；其他无形资产从可用之日起进行摊销，列为无限期限的无形资产除外（如水权）。

澳大利亚首都领地将财产、产房、设备等固定资产的公允价值的评估进行等级分类。公允价值评估等级主要分为三个级别。第一评估等级主要指在资产价格计量日，澳大利亚首都领地中公共部门的资产存在活跃的市场，资产价格可以通过市场直接获取。第二评估等级是间接获取资产的公允价值，最近时间，在市场中有类似资产的成交价格，可以参照此价格确定资产的价格，如建筑物的相似参照物主要考虑地理位置和大小。第三评估等级是针对专有资产的估价，这类资产不存在活跃的市场或直接获取价格受到重大的限制。对专有资产公允价值的估值可以采用成本法来衡量，即构建效用类似的资产所需的成本，如建筑物每平方米面积的成本用于衡量公允价值；土地的市场估价可以采用市场中类似效用的土地的价格。

新南威尔士州的财产、厂房和设备主要分为三个类别：土地和建筑物、产房和设备、基础设施。依据 AASB116，财产、厂房和设备最初是按成本计量；最初取得时没有成本或以名义价值的资产，应在购买日以公允价值确认；自行建造的资产，以应归属于资产的成本计入资产价值。在以后会计期间内，依据会计准则 AASB116、AASB13 和新南威尔士州财政部政策文件，财产、厂房和设备按公允价值计量。市场方法或收益法被用于财产、厂房和设备的公允价值计量，如商业建筑的价格可以通过二级市场反映，公允价值估计可以使用市场方法或收益法；某些遗产，包括艺术品、书籍收集、集邮和钱币收藏是通过市场方法或成本法评估公允价值。此外，财产、厂房和设备在使用寿命期内计提折旧，通常按直线法计提。

此外，澳大利亚联邦政府和州政府之间关于公共基础设施资产维护支出的会计处理规定是不同的。澳大利亚指导委员会认为，对于以基础设施资产维修支出作为费用的，除非支出在本质上能够有效提高基础设施资产的服务能力，否则就不能资本化。递延摊销费是作为一项规定而不是一个责任，如联邦政府以及新南威尔士州、昆士兰州、塔斯马尼亚州主要遵循澳大利亚指导委员会的建议，而澳大利亚首都领地、北部行政区仅讨论维修费用，而没有递延维护费。

（三）合理解决税收的确认计量问题

税收在什么时间、使用何种方式确认为收入，是政府合并财务报表中确认收入的重要难题之一。在澳大利亚，政府收入主要来自政府与其他实体之间的交易，如家庭、私营企业、非营利部门等，但政府收入排除了资产价格和数量的变化所导致的收益。澳大利亚联邦政府收入的来源由所得税、间接税、商品和服务的销售、利息收入、股利收入、其他收入构成；其中，在 2015—2016 财政年度，联邦政府所得税收入占总收入的 66%，间接税收入占 26%，因此，税收是澳大利亚联邦政府收入的主要来源。澳大利亚联邦政府的税收收入在符合以下三种情况下才可以确认：一是澳大利亚政府有获得收入的权力，这是确认的基础；二是未来的经济利益很可能会获得；三是税收收入金额能够可靠计量。

由于受经济条件和最终纳税时间的影响，估算一些收入可能会很困难，因此澳大利亚联邦政府使用了两种基础确认收入。一是经济事务处理法（Economic Transaction Method，ETM），当政府通过立法对税收及其他相关活动进行控制，进而能够获取税收和其他法定费用所产生的未来经济利益时，收入可以确认；同时，要求税收收入能够可靠计量的情况下（即使在交易尚未发生，但很可能会被报告的情况下），经济事务处理法才能被用来确认收入。二是税务责任法（Taxation Liability Method，TLM），该方法要求在较早的时候对纳税人的税务责任进行评估，或税款已收到，税收收入才可以确认。此外，当有足够的信息进行税务责任评估时，即使发生偶然事件影响了税务责任的评估，收入也可以进行确认。因为税务责任法允许因潜在的交易和事件发生，导致无法可靠计量税收的情况发生。由此可见，税务责任法确认收入的时间通常比经济事务处理法稍晚一段时间。在澳大利亚，联邦政府采用经济事务处理法作为税收收入确认政策的税收类型主要包括资源租赁税、商品及服务税、消费税、关税、豪华车税、葡萄酒税、附加福利税；采用税务责任法作为税收收入确认政策的税收类型主要包括个人所得税、公司所得税、养老金所得税。此外，澳大利亚联邦政府财政部每年都发布年度税收支出报告；该报告向个人和企业提供政府税收支出清单。

在州政府层面，新南威尔士州税收收入主要包括工资税、印花税、土地税、机动车税等，其按以下方式确认：一是政府评估的收入（主要是土地税）在评估的时候确认；二是纳税人评估的收入（包括工资税和印花税）能够可靠计量，并且税收征缴机构收到资金后确认；三是其他税收是在经纳税人申报后，再由税务机关确定。昆士兰州的税收主要包括工资税、关税、土地税、借记税、博彩与彩票税。税收确认收入的时机主要取决于它们的性质。通常情况下，当税收征管机构的评估通知发出及纳税人在法律上有支付的义务时，应确认收入。

第三节　瑞典政府合并财务报表编制

瑞典的公共部门有两个主要的行政管理层级：中央和地方。地方政府部门又被划分为两个行政部门系统：郡议会（County Councils）、市政区（Municipalities）。其中郡议会 21 个，市政区 290 个。中央政府和地方政府层面有不同的关于预算、会计、审计的法律与规则。自 20 世纪 80 年代开始，瑞典中央政府和地方政府就开始了公共财务管理改革；同时，瑞典也是在公共部门中引入权责发生制会计与报告系统最早的欧洲国家之一。当前，瑞典政府会计改革走在世界的前列。

一、公共财务管理改革

（一）中央政府公共财务管理改革

瑞典中央政府机构在规模、部门职能、组织结构等方面存在显著的差异。然而，除一些非常小的机构外，几乎所有的部门都使用同样的财务管理规则。在过去几十年间，中央政府进行分权改革，赋予级别较低的组织和部门更多权力。一方面，中央政府的部门机构相对独立于政府，如它们可以在没有政府的直接参与下，自由决定本部门的具体事务；同时，本部门的领导可以探寻适合自身实际的方式，进行自由管理。另一方面，政府可以在很多方面对这些机构施加影响，如政府有权决定这些机构应进行什么活动及活动的目标；同时，有权获取这些机构的运营绩效信息。

20 世纪 80 年代末，瑞典进行了绩效管理改革，旨在从对预算关注转变为检查资源使用效率以及提供公共服务的效果。在实践中，中央政府为中央机构制定目标与标准；同时，中央机构依据目标与标准，在年度报告中报告资源使用绩效。到 20 世纪 90 年代后期，绩效管理的技术与方式也引入了瑞典国会和政府。此外，管理会计信息同样是中央政府公共管理改革的重要组成部分。

20 世纪 90 年代，瑞典中央政府面临严峻的财政危机。1993 年，瑞典进行了重要的财政管理改革——框架拨款（the Introduction of Frame Appropriations）。框架拨款使未使用的财政拨款在不同财政年度之间平衡成为一种可能；同时，也为未来财政年度拨款获得信用。这项改革的目的试图激励机构决策者以有效的方式长期使用资源，并非仅在一个预算年度使用资源。然而，在传统拨款系统中，无论是否需要，一个财政年度没有使用完的资金都要收回。与此同时，框架拨款的引入能够使中央机构投资所需的资金有机会从国家债务办公室获得内部贷款。这种方式改变了传统现金制的财政拨款投资方式。除基础设施和军事装备外，政府机构有权贷款对所有资产进行投资。此外，在公共财政中引入三年期开支上限与目标剩余，并考虑在经济周期中财政占国内生产总值（Gross Domestic Product，GDP）的比重。另外，预算过程发生了重要的变化，从自下而上转变为自上而下决策过程；预算年度也发生了改变，与现在日历年度相一致。所有这些变化都在 1997 年编制国家预算时实施。当前瑞典的预算基础是修正现金制，但政府正在试图将预算基础向权责发生制转变。例如，财政部发表两个白皮书，其中一个白皮书的主要观点是将权责发生制的预算与绩效管理联系在一起；另外一个白皮书是建议修改预算法。但这些建议并没有具体执行日程规划。

瑞典中央政府的公共管理改革为引入权责发生制政府会计夯实了基础。同时，瑞典中央政府把引入权责发生制会计作为新公共管理改革的一个重要部分。为了推动改革，瑞典政府提出三个财务管理的目标：控制中央政府财政、资源配置与政治优先级相一致、高效使用资源。1993 年，中央政府引入权责发生制会计，旨在支持 20 世纪 80 年代公共部门引入的绩效管理系统。瑞典中央政府在引入权责发生制会计过程中，使用了循序渐进的模式。第一步是在中央机构层面使用，即中央机构开始实施权责发生制会计是在 1991 年度、1992 年度、1993 年度中的一年；第二步是编制以应计制为基础的合并财务报表，其中 1993—1994 财政年度编制了第一个以应计制为基础的合并财务报表。

受私营部门的影响，瑞典国家金融管理局（Swedish National Financial Management Authority，ESV）以一般公认会计准则作为中央政府和机构的会计核算原则。瑞典中央政府会计系统是基于完全的权责发生制原则，但遗产和税收除外。遗产计量的会计基础仍使用现金制；税收是在被政府征收时确认，最后征收时间可以在预算年度结束后几个月。在权责发生制会计应用中，遇到一个重要的技术问题是是否使用历史成本或市值作为计价的基础。这主要是因为历史成本计量属性在瑞典各个部门的应用已是悠久的传统，其中也包括在中央政府中的应用。

因此，瑞典中央政府权责发生制政府会计改革推进了公共管理改革，如权责发生制会计信息支持了绩效管理系统。中央政府会计信息的用户主要有：纳税人、委托人、投资者、管理者、选民等。Paulsson（2006）经研究证实，瑞典中央政府的权责发生制会计信息更多用于管理，而不是用于预算政治和政策制定。因为公共部门在执行权责发生制会计时，预算原则并没有发生相应的变化。

（二）地方政府会计改革

瑞典地方政府部门划分为郡议会、市政区两个不同的行政管理系统，其中郡议会的主要职责是医疗卫生，同时还解决其他问题，如地区交通、文化等；郡议会大约消耗 7%的国民生产总值（Gross National Product，GNP）。市政区负责的事项相对比较多，包括幼儿园、小学、中学、养老服务、废物管理、自来水和污水等。市政区约消耗 13%的国民生产总值。尽管两个行政管理机构管辖区域范围和职能存在差异，但两个管理机构使用相同的法律法规。最重要的相同法规是《市政区法》《市政区会计法》。其中《市政区法》除包括其他方面外，主要对预算和审计进行了规范；《市政区会计法》主要规范地方政府会计账务处理。

瑞典地方政府、学术界的专家学者在权责发生制政府会计改革过程中起到了至关重要的作用，即为地方政府会计创建了框架规则。瑞典地方管理当局协会（the Swedish Federation of Local Authorities，SFLA）详细制定了基于权责发生制为基础的会计模式。中央政府、地方政府委员会成立的非营利机构——瑞典市政区会计委员会（the Swedish Council for Municipal Accounting，SCMA），旨在负责地方公共部门会计准则的制定及解释。如果市政区或郡议会的会计核算与瑞典市政区会计委员会发布的会计准则出现偏差，需要在报表附注中披露原因。瑞典市政区会计委员会认为，偏差仅在特殊情况下才能被接受，即为了实现财务状况更加公允才允许接受这种偏差。如果瑞典市政区会计委员会发布的会计准则对编制报表并不充分时，通常可以通过额外的信息披露进行弥补。因此，瑞典市政区会计委员会在地方政府会计内容与准则制定方面起到了关键作用。《市政区会计法》规定了瑞典市政区会计委员会工作的框架与范围，但在限制范围内，2011年2月，瑞典市政区会计委员会发布了自己的概念框架。该概念框架的目的不仅是为瑞典市政区会计委员会的工作提供指引，同时要求会计及其相关人员要对自己的工作负责。

截至2018年1月，瑞典市政区会计委员会发布了22个会计准则，其中19个已开始应用。考虑到瑞典会计准则委员（Swedish Accounting Standards Board，SASB）与瑞典市政区会计委员会两者之间趋同协调，瑞典市政区会计委员会的大部分准则与IFRS或国际公共部门会计准则相一致。然而，在一些方面也存在差异，如条款规定仅适用于法定的责任和义务；减损只能在特定的情况下发生，即最低销售价值和使用价值之间进行比较；金融流动资产的价值应为历史成功和公允价值两者之间较低者；所有合并财务报表都应使用比例法（Tagesson and Grossi，2015）。

在瑞典，所有郡议会和市政区都必须使用相同的法规和会计准则。因此，瑞典地方政府会计是趋同一致的，即所有郡议会和市政区在权责发生制会计核算方面使用相同预算和财务报表。

二、政府合并财务报表

（一）中央政府

1993年，中央政府开始编制合并财务报表，并向瑞典国会报告。中央政府合并财务报表是基于权责发生制、完全合并、抵销内部交易的基础，每年度编制一次。

中央政府机构的权责发生制会计信息是政府合并财务报表编制的基础。中央政府每个机构都必须在2月22日之前向政府提交年度报表，半年度报表不得晚于 8 月 15 日。这些报表是权责发生制会计信息的主要来源，其中年度报表包括了合并利润表、合并资产负债表、合并资金变动表；而半年度报表仅包括合并利润表和合并资产负债表。合并利润表、合并资产负债表、合并资金变动表是通用目的的报表，在管理会计中应用很少，而每个对象的成本是管理会计信息。除了这些权责发生制为基础的会计报表，年度报表和半年度报表也包含了以现金制为基础的国家预算拨款信息。

2011 年，瑞典颁布新《预算法》。新《预算法》对政府年度财务报表的编制做出明确的规定。依据《年度报告及预算条例》的相关规定，瑞典中央政府合并财务报表是在各机构的年度财务报表基础上编制的，同时，合并财务报表的编制借鉴私营部门合并经验。合并财务报表主要由以下报告和报表组成：财务状况表、财务业绩报表、现金流量表、财政拨款报告以及绩效报告。在合并过程中，主要依据“控制概念”界定合并范围，控制主要指中央政府在被合并实体中拥有多数投票权，有能力批准法规或类似的文件；或委任董事会大多数成员的能力。瑞典国家金融管理局（2013）规定，对于中央政府及其机构所属的公司，无论完全还是部分拥有股权，都应依据权益法进行合并。此外，瑞典国家金融管理局还建议，应在“政府合并集团实体”概念中区分“核心活动”和“外围活动”，尽管，瑞典国家金融管理局也承认这两种活动有时很难区分，但对实体的管理核心活动必须合并；对“外围活动”必须有足够证据，才能使用权益法合并（Bisogno et al. , 2015）。

（二）地方政府

瑞典是少数几个在地方政府层面编制合并财务报表的国家之一。1986 年，瑞典市政区公共部门自愿引入权责发生制会计；20 世纪 80 年代后期，瑞典市政区公共部门也在自愿的基础上开始编制合并财务报表；1992 年，地方政府开始强制要求编制合并财务报表。

20 世纪 80 年代，瑞典地方政府联合委员会鼓励市政区部门编制合并财务报表；1989 年，瑞典地方管理协会出版了在地方政府环境下，关于合并财务报表目标与编制技术的使用手册，这本使用手册是市政区公共部门编制合并财务报告的基准；《地方自治法 1992》要求市政区年度报告应包含合并财务报表；《地方会计法案 1998》要求，地方政府应编制合并财务报表，其中就包含资产负债表和利润表。瑞典市政会计准则对合并财务报表规定的内容如下：①地方政府的合并财务报表信息的本质是问责而非控制，这决定了一个公司是否应包含进合并财务报表中；②公司的合并应使用比例法合并。此外，瑞典市政会计准则规定，依据购买法进行的比例合并。因此，《地方会计法案 1998》和瑞典市政会计准则是地方政府编制合并财务报表的依据。

瑞典的经济是混合所有制经济，在交通运输业、工矿业、公共事业中国有经济占较大的比重。因此，地方政府在编制合并财务报表时，使用比例合并法对国有经济进行合并。瑞典地方政府联合委员会认为，基于所有权理论下的比例合并方法更能满足地方利益相关者的信息需求。当两个或多个相邻地方政府共同拥有一个国有公司时（如废物管理，自来水、污水处理等），可以使用完全合并法合并，但只能合并在一个地方政府的合并财务报表中。此外，地方政府对内部实体的合并，可以从集团层面使用完全合并法进行：即首先集团内部进行合并，然后把集团报表并入整个地方政府合并财务报表，并非逐个实体进行合并。就合并财务报表提供信息而言，由于利润并不是地方政府的目标，因此，资产收益率或类似盈余计量信息就显得不那么重要；相反，地方政府合并财务报表提供公共服务成本和问责的信息就显得十分重要。

在瑞典，地方政府合并实体中包含了国有独资公司和共同控制公司。一个公司是否并入合并财务报表，需要考虑地方政府对其直接或间接的影响。一个经验法则是地方政府应拥有至少 20%的投票权。然而，依据这个标准，当投票权少于 20%但公司对地方经济有重大影响时，应包含在合并财务报表中。因此，这是依据经济概念而非法律概念决定一个公司是否合并（Tagesson，2012）。地方政府在合并过程中除了考虑重要性的影响外，还应对合并独资或联合控制公司的合并财务报表提供任何信息与不合并的这些公司提供的信息进行比较，判断是否会对地方政府管理者产生误导。

总之，瑞典市政区会计委员会准则主要强调经济的重要性和责任义务；控制显得并不那么重要。同时比例合并方法依据购买法可以使用，并不考虑权益额。瑞典地方政府编制合并财务报表并非关注未来的会计信息，而是关注会计信息的用途——解除受托责任，即地方政府资源使用情况及其应承担的义务。然而，瑞典市政区会计委员会准则仍允许对合并范围进行不同的估计和判断，因此，这可能会对合并财务报表信息的可比性与可靠性产生负面影响。

三、政府合并财务报表面临的问题与挑战

瑞典公共财务管理改革为权责发生制政府会计改革以及政府合并财务报表的编制夯实了基础。中央政府与地方政府合并财务报表提供了政府使用公共资源财务、绩效的信息，有助于政府决策制定与问责。瑞典的预算和会计系统经历重大的变革，使政府更加注重管理公共资源的灵活性与绩效，并强化了财务和运营效果的问责，以致政府年度报告成为一个重要的工具。Tagesson（2012）经研究证实，合并财务报表能够对瑞典地方政府经济状况与绩效产生重要的影响；同时，地方政府部门的合并财务报表也可作为中央财政拨款的重要依据。但是，瑞典政府合并财务报表的编制仍面临一些问题与挑战。

Oulasvirta（2014）认为，瑞典社会的嵌入式结构与传统存在阻止、抵制机构改革的倾向。瑞典在中央和地方政府有不同的准则制定机构，这就为瑞典制定一套共同的公共部门会计准则造成了困难，同时也导致中央政府与地方政府合并财务报表存在差异。例如，在选择合并方法方面，中央政府层面主要使用权益法合并，而地方政府层面主要使用比例法合并，中央政府和地方政府编制合并财务报表使用合并方法不同，也导致了会计合并报表提供的会计信息存在差异，以致它们之间很难进行对比。此外，瑞典不同层级政府使用不同行政管理系统、公共部门会计准则，导致在整个国家层面上编制合并财务报表无法实现；中央与地方政府会计业务处理存在差异，地方政府与国有企业所有权的复杂关系使内部交易业务无法抵

销，这都是不可逾越的障碍。

瑞典公共部门会计准则与国际公共部门会计准则趋同也存在诸多障碍。但普华永道（2014）认为，在与国际公共部门会计准则趋同方面，瑞典被视为最成熟的国家之一。Christiaens 等（2010）认为，瑞典公共部门会计准则与国际公共部门会计准则相比，两者比较接近；但是，两者之间还是存在差异，并且这些差异并非巧合，而是本质存在的。国际公共部门会计准则理事会和瑞典市政区会计委员会的根本区别在于国际公共部门会计准则理事会准则是基于决策制定方法，而瑞典市政区会计委员会是基于问责的方法。瑞典传统的会计核算主要基于历史成本法，同时，在公共部门中，一些专门的法律基于此种会计核算方法规定了定价和报销系统。这与国际公共部门准则强调公允价值使用存在显著的差异。瑞典国家金融管理局发现，中央政府层面引入重置成本评估固定资产的规则，将会影响仍在使用以现金制为基础的预算；因此，这将影响拨款的要求、支出的上限（ESV，2013）。在瑞典，会计的重点更多的是计量成本，而不是评估资产与负债的价值（普华永道，2014）。此外，2012 年，欧洲统计局关于评估欧盟成员国应用国际公共部门会计准则的咨询报告认为，瑞典市政区会计委员会仍存在以下问题与障碍：环境、法律、制度的差异导致了使用一套共同准则十分困难；会计准则必须更好地适应公共部门的条件和信息需求，才能被接受和实施；一个共同监管框架需要有共同审计与监管规则。因此，仅是法规上的协调趋同并不够；在实施过程中，相关人员胜任能力、培训和监管也是重要问题。ESV（2013）认为，瑞典政府要完全执行国际公共部门会计准则还需要较大的成本。当前，以瑞典公共部门会计准则为基础编制的合并财务报表与以国际公共部门会计准则编制的合并财务报表存在显著差异。

第四节　意大利政府合并财务报表编制

意大利是欧盟国家中第一批强制编制政府合并财务报表的国家之一，

其政府会计改革始于20世纪90年代。

一、权责发生制政府会计改革

20世纪90年代早期，受“新公共管理运动”的影响，意大利在公共部门的组织结构、管理及财务会计领域设置了新的规则，旨在克服传统的官僚式管理制度，追求新管理模式，使公共行为合法化。传统的意大利政府会计侧重于年度预算的授权功能，目的是进行预算管理。因此，传统的政府会计是现金制会计，应属于“预算会计”，并非权责发生制政府会计，与公共行政管理改革不相适应。

1995年，意大利的《地方政府法案1995》颁布，拉开了地方政府权责发生制政府会计改革的序幕。《地方政府法案1995》要求地方政府引入权责发生制会计系统，并试图使传统现金制的预算会计发生重大变化；由于权责发生制会计系统在地方政府并非强制实施，造成实施结果并不理想。1997年，受《马斯特里赫特条约》的影响，意大利开始依据权责发生制原则，建立公共部门的合并账户，这个合并账户也称“公共管理经济账户”；然而，中央政府提供的合并账户仅用于统计目的，并不是权责发生制的政府合并财务报表。1999年，地方政府会计与财务咨询委员会成立，其职责是制定会计准则，推进会计实务；然而，这段时期的政府会计改革并没有取得显著的成效，正如Eugenio Anessi-Pessina等（2008）认为，大多数情况下的变化都是毫无意义的修辞，没有从实际上影响地方政府的管理。2006年，受欧洲账户体系1995（European System of National and Regional Accounts 1995，ESA95）的启发，意大利在所有省区、地方政府中引入公共部门运营信息系统（Information system for public entities'operations，SIOPE），并把其作为一套共同的会计规则，旨在监控现金流动。

在意大利，公共部门的会计准则是由法律决定的；但地方政府可以在自治的范围内自行定义其细节，甚至可以出现偏离国家法律条款的内容。如意大利的大区有权制定自身的会计规则、预算规则、报告规则。2009年，意大利颁布了法律196（Law 196）和法律42（Law 42），使得本国公共部门会计走向了趋同之路（Rossi，2015）。其中法律196主要针对中央政府，要求其提供更高层面上会计文档的透明度，旨在满足欧盟经济与财政需求；法律 42 促使国家改革，目的是在意大利建立联邦结构。2011 年，意大利颁布法规——D. lgs. 118/2011。该法规又称趋同法律（Harmonization Law，HL），是以法律 42 作为基础，并与法律 196 保持一致，旨在为大区、地方政府以及它们控制的其他公共实体提供共同会计制度。此外，依据趋同法律要求，大区和地方政府引入共同会计科目表，这有助于现金制会计核算数据转换为权责发生制会计核算数据。受趋同法律的影响，自 2015 年起，意大利所有大区政府编制的预算和财务报告都必须遵循相同规则。然而，尽管意大利中央政府法规（Law 196/2009）以及大区、地方政府法规（Decree 118/2011）已经制定了一套共同的会计准则，但公共部门会计仍缺少统一的概念框架。

当前，意大利公共部门同时使用修正现金制会计与应计制会计两套核算系统。其中，应计制会计仅适用于财务报告和成本会计；现金制会计的报告每三个月发布一次，反映了公共部门合并后的现金储备以及未来所需的现金流量。此外，基于各部门申报的开支趋势，现金制会计的报告还可用来控制支出。因此，意大利政府会计重点关注的是财政健康、公共债务与支出的控制。最近，意大利政府会计改革引入的新的会计系统仍是强化了修正的现金制，即应收款项和应付款项到期时才确认而并非在权力发生时确认。因此，意大利政府会计改革的导向仍是以预算会计为主，旨在避免账目中出现大量的无现金收入与支出；而权责发生制会计在会计系统中处于从属地位，权责发生制的会计信息仅作为预算会计数据的补充。截至目前，意大利公共部门的费用仍无法被合理计算（Anselmi et al.，2012）。

二、地方政府合并财务报表

（一）地方政府试编合并财务报表概况

在过去 30 多年，意大利地方政府与澳大利亚、新西兰以及其他欧洲国家一样，经历巨大变革，其中最引人关注的是公共部门通过公司化、合同外包、政府和社会资本合作模式（Public Private Partnership，PPP）等市场化的机制提供公共服务。这种机制导致了在意大利地方政府中，提供公共服务的分散实体增多，财务信息披露减少，造成了传统的年度账户不能公允、真实地反映地方政府及其分散实体的运营绩效，因此，需要编制合并财务报表，强化对地方政府的问责，并满足诸多利益相关者的信息诉求。尽管《地方政府法案 1995》没有规定地方政府有编制政府合并财务报表的义务，但是由于地方政府希望披露自身与所下属的分散实体之间的财务关系，所以诸多地方政府内部会计规则要求编制合并财务报表。因此，在 21 世纪初，意大利部分地方政府在自愿的基础上开始政府合并财务报表编制。例如，比萨市（Pisa）在 2004 年率先在全国地方政府层面展开了合并财务报表编制；紧接着，都灵市（Turin）、锡耶纳市（Siena）、雷焦艾米利亚市（Reggio Emilia）等地也开始编制政府合并财务报表，并且这种趋势逐步在全国范围内展开。

1. 比萨市政府合并财务报表

为了更好地控制分权实体，意大利托斯卡纳区选取比萨市作为政府合并财务报表试编地区；2004 年，比萨市依据国际公共部门 IPSAS6、IPSAS7、IPSAS8 三个合并准则开始编制，并于 2005 年公布政府合并财务报表。比萨市的政府合并财务报表的范围主要由一些分散实体（如控制企业、联合企业、合资企业），以及私营组织形式的公司（股份公司、有限责任公司）组成；它们都是在不同公共服务领域提供公共服务，如自来水、天然气、废物处理、环境保护、公共交通、制药、房地产管理、基础设施等。其中，分散实体主要包括 7 个受控实体和 3 个联合实体。三大公私合营企业提供了天然气、污水处理、自来水等公共服务；它们属于联合实体，没有完全并入地方政府合并财务报表。此外，合并范围不包括那些基于契约要素和使用政府补贴，而提供社会和文化服务的分散实体。在选取合并方法方面，对于受控实体，使用完全合并法进行合并，这与企业的合并方法类似，并与母公司理论一致。在合并过程中，没有使用公允价值计量子公司的资产。

2. 都灵市政府合并财务报表

2006 年，都灵市借鉴意大利私营部门会计准则并依据法律（*Legislative*

Decree No. 127/1991）第 26 条开始试编政府合并财务报表。根据法律（*Legislative Decree* No. 127/1991）的规定，符合以下条件之一则视为受控的公司：①在股东大会上，公司持有另一家公司的大部分投票权（也称“法律条件”）；②公司拥有另一家公司足够的表决权，以致能在股东大会上产生主导影响（实际情况）；③由于特定契约关系，导致了公司能够对另一家公司产生支配性的影响（合同情况）。然而，都灵市的“城市戏院”由基金会成立，在法律上是高度自治，相关地方政府机构不委任管理人员，不符合“控制”概念条件，被排除在地方政府合并报表合并范围之外。都灵市政府合并财务报表主要依据母公司理论编制，对于受控实体，主要使用完全合并方法。此外，政府合并财务报表合并了子公司的商誉、股本储备金；对于确认子公司资产仍未采用公允价值计量。

3. 雷焦艾米利亚市政府合并财务报表

雷焦艾米利亚市是罗马涅地区的一个重要城市。截至 2010 年底，该市共有常住人口 16.7 万人，预算收入约一亿七千四百万欧元。该市拥有 26 家具有不同法律形式、所有权结构（完全国有制或混合所有制）的企业，旨在向社会公众提供药店、学校、自来水、天然气、垃圾处理以及房屋等不同种类的公共服务。雷焦艾米利亚市与主要提供公共服务的企业建立合约关系。雷焦艾米利亚市主要使用客户满意度、服务合同、公共服务提供者的公民规章等方式控制市政公司和其他外部服务提供者的非财务绩效，同时，强化政府与这些实体的合约关系。2008 年，为了更好地控制这些企业，雷焦艾米利亚市依据 IPSAS6、IPSAS7、IPSAS8 三个准则编制并公布了该市第一个政府合并财务报表。合并范围由一些私有组织和公有组织构成，其中包括 16 个控制实体、10 个联营实体。2010 年，雷焦艾米利亚市基于 10 个分部门及其多个下属部门的基础上，开始试编部门合并财务报表。

此外，意大利皮斯托亚市（Pistoia）、佛罗伦萨市（Sesto Fiorentino）也都开始本市的政府合并财务报表试编工作；具体编制状况如表 3-4 所示。

表 3-4　意大利部分地方政府编制政府合并财务报表情况一览表

<table>
<tr><th>城市</th><th>首次公布时间</th><th>合并理论</th><th>合并准则</th><th>合并范围</th><th>合并方法</th><th>会计差异</th><th>公允价值</th></tr>
<tr><td>都灵</td><td>2006 年</td><td rowspan="5">母公司理论</td><td>会计准则 17、私营会计法规（D. lgs. 127/1991）</td><td>13 个控制实体和 10 个联营实体</td><td>完全合并、比例法合并</td><td>合并商誉与股本储备金</td><td rowspan="5">没有使用</td></tr>
<tr><td>雷焦艾米利亚</td><td>2008 年</td><td rowspan="4">IPSAS</td><td>16 个控制实体和 10 个联营实体</td><td rowspan="4">完全合并、权益法合并、比例法合并</td><td>合并商誉</td></tr>
<tr><td>比萨</td><td>2005 年</td><td>7 个受控实体和 3 个联合实体</td><td>合并股本储备金</td></tr>
<tr><td>锡耶纳</td><td>2007 年</td><td>6 个控制实体、3 个联营实体及 2 个合营企业</td><td>合并损失</td></tr>
<tr><td>佛罗伦萨</td><td>2009 年</td><td>3 个控制实体和 8 个联营实体</td><td>合并股本储备金</td></tr>
</table>

（二）地方政府试编合并财务报表的特点

意大利地方政府合并财务报表的编制还处于探索阶段。地方政府自愿编制合并财务报表，并且在合并财务报表编制过程中，对选取会计技术有充分自由裁量权，包括会计合并准则、合并方法以及如何指定购买价格。下面将从四个方面分析意大利地方政府合并财务报表试编阶段的特点。

1. 使用会计准则界定合并范围

意大利地方政府在试编政府合并财务报表时可以选择的准则包括：意大利私营部门会计准则、公共部门实验会计准则、IAS/IFRS、国际公共部门会计准则。其中都灵市使用意大利会计准则 17（主要适用私营部门）与私营部门会计法规（D. lgs. 127/1991）；皮斯托亚市使用公共部门准则（PCEL 4）与会计法规（D. lgs. 118/2011）；其余地方政府大都借鉴了 IPSAS。此外，合并范围不包括与政府建立契约关系并使用政府补贴的社会和文化服务部门，如“城市戏院”。因此，意大利地方政府依据不同准则编制的合并财务报表并不能确保完全披露和问责地方政府与服务提供之间的关系。这将会导致合并财务报表披露的政府整体责任信息不完整。Grossi和Steccolini（2015）分析了意大利的比萨、雷焦艾米利亚、佛罗伦萨、锡耶纳四个地区编制合并财务报表的现状，结果显示，地方政府依据国际公共部门会计准则编制的合并财务报表并不能强化问责制，这主要归因于一些相关公共服务的部门并没有包含在报告实体合并范围中。

2. 选取合并方法

地方政府对控制实体使用完全合并方法合并；对合营企业使用权益法或比例法合并；对联营企业使用比例法合并；其中都灵市对联营企业、合营企业仅使用比例法合并。合并方法主要依据国际公共部门会计准则，仅有控制实体才能包含在合并财务报表之中（IPSAS6）；合营企业与联营企业没有采用完全合并方法（IPSAS6 和 IPSAS 7）。这将会对合并财务报表信息披露产生负面影响，分散公司或公私混合所有权的公司风险将会排除在合并财务报表之外。

3. 会计处理的差异

虽然意大利地方政府选取母公司理论作为合并财务报表编制的理论基础，但是不同地方政府在使用时，存在很大“自选择”的问题——即对“购买法”合并子公司时的过度使用或使用不足。这主要体现在地方政府合并财务报表合并子公司时，对商誉、损失、股票储备以及或有负债的不同会计方法的确认与计量。最终，这会影响不同地方政府合并财务报表整体财务信息的可比性。

4. 公允价值的计量

公允价值比历史成本更适合评价地方政府偿债能力与流动性。公允价值能够提高政府合并财务报表的透明度以及公共部门之间的可比性，强化对政府问责。然而，公允价值计量属性的使用需要有活跃的、强势的市场环境，否则会对合并财务报表信息产生负面影响。从意大利地方政府合并财务报表试编阶段来看，地方政府没有对固定资产使用公允价值的计量模式。

三、地方政府编制政府合并财务报表面临的挑战

意大利地方政府合并财务报表旨在满足内部、外部信息使用者的诉求，同时有利于对政府活动、市政公司实施成本核算和管理控制。然而，地方政府合并财务报表编制是一项复杂与艰巨的任务，面临诸多困难，意大利地方政府也不例外。

意大利地方政府在试编合并财务报表过程中遇到的障碍主要有：一是地方政府会计数据与地方政府所合并企业的会计数据缺乏同质性；二是缺乏专门技能与知识；三是获取编制合并财务报表所需的数据和文档受限；四是地方政府的年度报告不够公开透明；五是缺少相关信息系统等。此外，更深层次的问题是意大利政府关注的重点仍是预算，而与其他欧洲国家共享应计制的会计数据十分有限（Rossi，2015），这也成为意大利政府会计改革与政府合并财务报表编制的又一障碍。

为了编制政府合并财务报表，意大利地方政府需要克服文化、技术以及法律的障碍。对意大利地方政府来说，文化障碍主要是指编制合并财务报表是新的任务，它们需要在编制技术和专门人员的培训方面投资更多。技术障碍主要是指在合并范围中，单个实体的财务报表缺乏同质性，即提供公共服务的分散实体使用私营部门的会计准则，这与地方政府自身使用的会计准则存在显著的差异，此外，技术障碍还体现在权责发生制政府会计核算没有在意大利地方政府层面进行广泛的使用。然而，合并财务报表的编制需要单个实体的财务报表能够同质、可比。法律障碍主要是指意大利地方政府编制合并财务报表是在自愿的基础上进行的，因此，需要制定法律，强制要求编制合并财务报表。

在意大利，地方政府的合并财务报表在法律框架内已经试编几年的时间，但随着法律（*Legislative Decree* No. 118/2011）的颁布，地方政府自愿编制模式被废弃。法律（*Legislative Decree* No. 118/2011）强制要求自 2017 年起，地方政府的居民超过 5000 人的地区，都要编制合并财务报表。此外，2011 年 12 月 28 日，意大利总理法令附件 4 发布，旨在为编制地方合并财务报表提供公共部门专门会计准则。总理法令附件 4 使用了“控制概

念”界定合并范围，但引入“重要性”标准，即所有相关的、部分拥有的公司也包含在合并范围之内，这也是与国际公共部门的会计准则（依据权力和收益）界定合并范围的不同之处。总理法令附件 4 明确提出双重“控制概念”：法律（或依据合同）和事实，即无论是法律形式的实体还是管理活动，合并都应适用于合并实体直接或间接参与到被合并实体的情况。合并财务报表主要使用了两种不同的合并方法：完全合并法和比例合并法，完全合并法主要适用于控制实体的合并，比例合并法适用于仅有一部分股权是国有的实体。依据总理法令附件 4 编制的政府合并财务报表包含了国有公司、非营利公司和营利公司，能够反映整个政府整体的财务状况，同时，也对利益相关者产生重要的影响，如将原来以社会公众为导向公共问责理念转变为更广阔的以社区为导向的公共问责理念。在这样的背景下，意大利未来政府合并财务报表不再是一个简单的文档，其效果强化了地方政府和利益相关者之间的联系（Biancone and Secinaro，2015）。

本章小结

政府合并财务报表作为政府综合财务报告的重要组成部分，其如何编制、包括哪些信息，已成为政府综合财务报告的核心问题并关系权责发生制政府会计能否进一步深入推进。当前，从全球视野看，政府合并财务报表编制实践可以分为三个梯队：第一梯队国家是已经编制、审计与公开了政府综合财务报告，有较为成熟的经验模式，主要是盎格鲁—撒克逊文化的国家，如英国、澳大利亚、美国、加拿大、新西兰等；第二梯队国家是正在进行权责发生制政府综合财务报告改革，政府合并财务报表正在试编的国家，它们正在积极试编探索之中，但没有审计公开，没有形成自身的经验模式，如意大利、罗马尼亚等；第三梯队国家主要是指打算或准备编制政府合并财务报表的国家，此类国家权责发生制政府会计改革还处于初级阶段，主要是非洲、南美洲以及亚洲的一些国家。本书认为，我国应归属于第二梯队国家。因此，本章选取了政府合并财务报表第一梯队国家，即先行国家，如英国、澳大利亚、瑞典，分析其多年来的编制经验，旨在为我国政府合并财务报表编制提供可借鉴的经验。同时，本章也选取了编制政府合并财务报表第二梯队的代表性国家（追随国家），如意大利。意大利与我国政府合并财务报表的改革进程处于同一阶段，具有共同的国际背景和强烈的政府综合财务报告改革诉求，因此，深入分析第二梯队国家在政府合并财务报表编制中遇到的问题和解决困难的措施，对我国政府合并财务报表的试编工作具有较强的现实意义。

本章对英国、澳大利亚、瑞典、意大利四个国家的政府合并财务报表编制过程进行了深入分析。其中，英国、澳大利亚属于盎格鲁—撒克逊文化体系国家，瑞典属于北欧福利国家，而意大利属于欧洲大陆法系文化国家，它们在公共管理的技术与方法的差异主要是因为不同文化和行政管理传统：盎格鲁—撒克逊文化体系国家（英国和澳大利亚）引入私营管理的经验到公共部门，权责发生制会计核算基础已在公共部门中基本得到确立；北欧福利国家（瑞典）是单一制国家，公共管理改革旨在满足社会公众需求；欧洲大陆法系文化国家（意大利）主要使用官僚机构管理模式，并在行政管理中使用不同程度的分权模式，同时，以立法作为公共管理改革重要保障程序（Kuhlmann，2010）。在政府合并财务报表编制方面，英国、澳大利亚、瑞典已经编制、审计、公开政府综合财务报告，已形成了本国自由编制经验与模式；意大利政府合并财务报表试编已开展多年，在试编中，主要借鉴了地方政府法律法规、本国企业会计准则、国际公共部门会计准则。从本章对英国、澳大利亚、瑞典、意大利政府合并财务报表的分析看，尽管四个国家在政府合并财务报表编制中存在诸多不一致，但其经验模式、遇到的困难与难题以及解决措施与方案对我国政府合并财务报表编制有许多有益启示。

一是彻底、完全的权责发生制政府会计改革是政府合并财务报表编制的基石。例如，英国自1994年开始资源会计和预算改革，到2004年才完全实现中央政府和地方政府的权责发生制，这为整体政府账户编制打下基础。澳大利亚联邦政府与州政府尽管在20世纪90年代就开始政府合并财务报表编制，但在审计署最初对政府合并财务报表的审计意见中仍反映出诸多问题，其中最主要问题是联邦政府与州政府并非在所有政府会计业务中实行了权责发生制；直到1999—2000财政年度，澳大利亚政府预算与会计的核算基础才完全实现权责发生制，进一步推进了政府合并财务报表改革。此外，瑞典和意大利权责发生制政府会计改革有力地推进了政府合并财务报表编制工作。

二是会计政策统一是政府合并财务报表编制的基础。可比性是评价政府合并财务报表会计信息质量的重要标准之一。可比性是指政府合并财务报表的会计信息能够在不同年份、同一层级政府甚至不同国家之间做到可比。会计政策趋同也是政府合并财务报表信息可比的重要保证。21世纪初，英国在政府合并财务报表试编过程中，为了能够做到会计信息可比，公共部门会计准则借鉴了IFRS，并与企业会计准则趋同。澳大利亚AASB1049规定联邦政府与州政府在政府合并财务报表编制过程中，尽可能做到会计政策一致，同时，要求选取的会计政策尽可能与财政统计手册（ABS GFS Manual）规定相一致。瑞典中央政府和地方政府合并财务报表编制中，公共部门的会计政策主要借鉴本国企业会计准则，并与其保持趋同。意大利地方政府试编政府合并财务报表中，会计政策主要使用国际公共部门会计准则，旨在使不同地方政府合并财务报表会计信息能够做到可比。

三是政府合并财务报表试编工作需要经过相当长的时间。政府合并财务报表的编制工作并非一蹴而就的，而是一个长期的、不断修正完善的过程。在英国，尽管1998年财政部就公布了政府整体账户编制时间表，但直到2011年才成功编制并公布政府整体账户；在此后财政年度，尽管英国政府整体账户开始连续编制，但也是在不断修正完善中进行的。瑞典和意大利两个国家的地方政府在自愿的基础上率先开展了本国政府合并财务报表编制工作。其中瑞典地方政府从1986年开始在自愿的基础上开展政府合并财务报表编制工作，然而直到1998年《地方会计法案》出台后才开始强制要求编制地方政府合并财务报表。在意大利，2004年，比萨市展开了政府合并财务报表试编工作，直到2011年，法律（*Legislative Decree* No. 118/2011）强制规定自2017年起，地方政府才开始编制政府合并财务报表。

四是政府合并财务报表与财政统计系统的协调趋同。合并财务报表的编制主要依据会计准则，而财政统计的编制主要依据财政统计规则，两者并非在同一框架下获取的；合并财务报表的目的是提供政府综合财务状况，而财政统计用于评估国家财政与经济状况。然而，合并财务报表与财政统计之间的协调、对账能够强化问责、提高财政透明度。在政府合并财务报表编制的先行国家中，合并财务报表与财政统计协调与对账已成为一种经验模式。英国政府整体账户和财政统计都是以权责发生制作为经济业务事项的确认基础，同时，两种账户系统都包含相同收入与支出、财务状况以及其他细节变化的报表；此外，英国以国家统计局分类公共部门的标准作为政府整体账户合并范围基准参照之一，以达到合并财务报表与财政统计协调与对账。在澳大利亚，公共部门的分类主要依据统计局标准。早在 1995 年，澳大利亚联邦政府就要求合并财务报表和财政统计两类报表要做到基本一致；随后，州政府也要求政府合并财务报表与财政统计的趋同与协调。此外，澳大利亚联邦财务报告委员会要求澳大利亚会计准则委员会在准则的制定过程中，要考虑到合并财务报表和财政统计趋同对账。例如，2015—2016 财政年度，澳大利亚联邦政府财务报表是在《财政统计手册 2014》的基础上编制的。

五是界定合并范围是编制政府合并财务报表的前提。尽管本章的四个国家政府合并财务报表的合并范围存在差异，但它们在合并财务报表编制中都首先解决了合并范围界定问题。英国的政府整体账户包括了地方政府，主要使用“控制”概念界定合并范围，并规定以一个实体是否符合“执行公共性质职能”（Exercise Functions of Apublic Nature）或“从公共资金中获取大量资金”为标准来判断该实体是否合并进政府整体账户中。澳大利亚联邦政府与州政府的合并财务报表是分开编制的，联邦政府合并财务报表并不包括州政府与地方政府；而州政府合并财务报表的合并范围包括地方政府，因此，澳大利亚政府合并财务报表范围的界定同时体现了“受托责任”概念和“控制”概念。意大利政府合并财务报表试编模式是先从地方政府开始，最初采用自愿模式，主要基于本国法律框架进行编制，反映欧洲大陆法系文化。瑞典政府合并财务报表在中央政府与地方政府层面采用不同合并原则，中央政府使用“控制”概念作为界定合并范围的基准，而地方政府使用“受托责任”概念界定合并；在选取合并方法上，瑞典中央政府和地方政府也存在差异。因此，本书第四章将对政府合并财务报表的合并范围和方法进行重点分析。

第四章　政府合并财务报表的合并范围与方法

界定合并范围即明确合并财务报表编制主体的会计边界，解决编制主体应该合并哪些实体和排除哪些实体，它是政府合并财务报表编制的前提。一方面，某些实体是否进入合并范围，会影响到合并财务报表的会计信息质量；另一方面，选择恰当的合并方法是政府合并财务报表编制的关键。在合并财务报表合并过程中，合并主体对被合并实体使用不同的合并方法，会导致合并财务报表产生不同的会计核算结果，以致最终影响对整个会计主体财务状况和绩效的评价。因此，本章前两节分别系统地分析政府合并财务报表合并范围的界定和合并方法的选择，在第三节对中国政府财务报表如何合并提出相关对策。

第一节　政府合并财务报表的合并范围

如何界定政府合并财务报表合并范围是该领域的争议和敏感话题（Argento et al.，2013；Cîrstea，2014）。Walker（2009）认为，若仅为一个目的编制权责发生制政府综合合并财务报表，则合并范围是确定的；如果是为多个目的编制权责发生制政府综合合并财务报表，则合并范围的界定需要在多个报告用户利益之间进行权衡①；权责发生制下的政府合并财务报

① Walker（2009）认为，界定合并范围主要依据政府合并财务报表将提供何种信息，主要涉及以下用户信息需求的考虑：主要用户通常会做出的判断；大多数潜在用户通常会做出的判断；大多数潜在用户做出的判断——无论这些判断是常规的还是不是常规的，以及其他方面等。不可避免，政府财务报告提供的信息与一些政党面临的某些判断可能并不相关。此外，Walker（2009）还认为，无论采用“控制”概念，还是“受托责任”概念作为界定合并范围基准，都需要考虑政府合并财务报表提供的信息。

表通常被视为通用目的财务报表。当前，“控制”概念和“受托责任”概念作为界定权责发生制政府合并财务报表合并范围的基准与决策制定和解除受托责任密切相关，这一点已被大多数政府会计改革国家所接受。

一、“控制”概念与合并范围界定

“控制”概念是界定权责发生制政府合并财务报表合并范围的基础，是借鉴了企业集团合并报表的方法界定主体范围的，其旨在提供全面、完整、可靠、相关的财务信息，满足决策制定的需要。“控制”概念主要强调主体必须能够操控受控实体的决策制定，并能从其活动中获取利益。实体是否并入合并范围主要由权力和收益两个要素指标决定：权力由现有权力构成，即当前有能力直接操控另一个实体的相关活动，包括有权力直接操作相关财务和经营政策；收益主要指一个实体可以从另一个实体获取利益，收益可能是财务或非财务的，也可能是正的方面或负的方面。

国际公共部门会计准则理事会一直倡导基于“控制”概念界定合并范围。IPSAS6——合并财务报表和受控实体会计，要求一个实体控制另一个实体时必须符合有权力支配其财务与运营政策；权力是可以行使的或法律赋予的，但这并不意味着控制实体直接负责管理受控实体的业务。IPSAS6还详细规定了一个实体控制另一个实体的权力与利益的条件。控制的权力要素主要包括在受控实体中拥有多数投票权、任命或解雇管理层人员的权力、批准或否决预算等；控制的利益元素主要包括对受控实体的剩余经济利益享有绝对的权力、对债务承担重大责任或有权控制受控实体的资产，同时利益也可能是非财务的。当前，IPSAS35① 取代了 IPSAS6 作为界定合并范围的依据。IPSAS35 对控制的评估仍需考虑权力和收益两个要素，但“控制”概念的含义已发生了变化，可以对控制评估提供更多的指导。IP-SAS6 中“控制”的定义着重于一个实体通过对另一个实体行使权力来影响其收益的性质和数量的能力，因此新的“控制”定义可能会影响以前的

① IPSAS6、IPSAS7、IPSAS8 分别是合并财务报表与受控主体会计、对联营主体投资会计、合营中权益的财务报告；2015 年 1 月国际公共部门会计准则委员会发布 IPSAS35、IPSAS36、IP-SAS37，分别是合并财务报表、对联营和合营实体的投资、联合安排，替代 IPSAS6、IPSAS7、IP-SAS8。

控制评估，同时不再许可暂时受控实体被排除在合并范围之外。新公共管理的一个典型特征是提供的公共服务越来越多地通过部门边界以外的实体进行，因此，需要确立部门与出资（购买）机构的关系；Sizer（1992）把这种关系的特征描述为“垂直的准一体化”（Vertical Quasi-integration）。公共部门实施新公共管理改革后，控制经常通过合同、融资机制实现（David and Georgiou，2000）。在编制政府合并财务报表时，“控制”概念作为界定合并范围的基准，主要由一个实体是否合并决定，并不由实体能否实际从政府获取资助资金决定。因此，“控制”是要解释政府如何控制该实体。总之，“控制”概念作为界定公共部门合并财务报表合并范围的基准，似乎能够使合并财务报表提供的信息合理恰当，满足利益相关者的决策制定以及其他信息诉求。但是，我们要清醒地意识到：使用“控制”概念界定合并范围时，权力和收益至少有一个是先决条件（Grossi and Pepe，2009）。

“控制”概念源于私营部门会计准则，因此在公共部门中作为界定政府合并财务报表合并范围的基准仍存在争议，特别是安然事件[①]后，如何恰当地使用“控制”标准界定合并范围显得尤为突出和困难（Heald and Georgiou，2009）。例如，IPSASB 使用“控制”概念作为界定合并范围的基准与国际会计准则理事会关于报告实体界定标准非常类似，这就意味着一些受到政府预算重要资助、与政府签订契约运营、与政府有着十分紧密财务关系的实体并不符合控制条件，因此也不会在合并范围之内。由此可见，政府合并财务报表依据国际公共部门会计准则编制，将不能披露一些外部实体使用政府预算资金的活动效果（Grossi and Steccolini，2015；Grossi and Soverchia，2011），也不能反映整个政府责任和风险状况。部分学者建议使用“控制”概念界定政府综合合并财务报表合并范围时需要考虑公共部门的目标和性质及其社会责任（Carlin，2006；Ezzamel et al.，2007；Nasi and Steccolini，2008；Brusca and Montesinos，2009；Walker，2009；Cîrstea et al.，2015）。Walker（2009）认为，界定政府合并财务报

① 安然事件（The Enron Incident）是指 2001 年发生在美国的安然公司破产案。

表合并范围时不应局限于“控制”概念，界定合并范围基准至少应包括：①资金主要来自财政预算分配的政府机构；②其收入主要来自向用户收费的国有独资和控股公共经营企业（金融和非金融部门）；③当政府实体的收入主要来自税费时，无论政府是否在机构内任命管理成员都应当合并；④实体拥有的资产主要是协助政府机构向公众提供服务，无论服务的提供是间接的还是直接的，该实体都应当合并；⑤实体产生的债务是由于向政府提供资源所导致的，应该合并。Bellanca 和 Vandernoot（2013）则强调政府合并财务报表应包括所有受控实体，暂时受控实体不应合并。公共部门报告实体的界定比私营部门更复杂，因为契约与控制关系不仅仅是基于所有权的概念（Grossi，2015）。Bisogno 等（2015）对国际公共部门合并财务报表征求意见稿（Exposure Draft 49，ED49）的反馈意见进行经验分析，结果证实尽管意见反馈者同意“控制”概念在界定合并范围中发挥着重要的作用，但还是建议在使用时考虑公共部门特性。

通常情况下，“控制”概念在合并国有企业和中央政府实体（如铁路公司、邮政服务企业以及各部委）时是相对清晰的，主要因为这些实体所有权与控制权是清晰明确的。然而，在更多可能的情况下，由于公共部门结构的复杂性和受控实体的异质性，给实际执行“控制”概念界定合并范围带来很大的困难（Brusca and Montesinos，2009）。政府会计改革国家对政府财务报告目标内涵理解不同，“控制”概念使用存在区别，例如，奥地利强调“控制+统一管理”实际依赖关系，规定更为严格，合并范围更窄。由此可以看出，以“控制”概念界定政府合并财务报表合并范围存在着局限性，例如，英国政府整体合并财务报告包括地方政府，而瑞士、澳大利亚、新西兰等国家地方政府被拒于中央政府综合财务报告合并范围之外[①]。此外，英国和澳大利亚的高等院校和继续教育机构，尽管在经济上

---

① 澳大利亚每个州都有自己的宪法，与联邦政府分离；AAS31 认为州政府不能出售地方政府资产，地方政府选举委员会或管理人员由本级政府任命，因此，州政府合并财务报表不包括地方政府；Walker（2009）认为，澳大利亚政府财务报告（WGA）强调特定政治辖区（联邦政府和州政府分开），尽管适用“控制”概念，但更强调关注受托责任、透明度和经济效率等关键因素。英国政府整体合并财务报告（WGFR）主要考虑公共部门本质功效和实质上是否得到公共资金的资助，因此合并范围包括地方政府。

需要依赖国家税收资助，但并没有被合并进政府合并财务报表。总之，在使用“控制”概念界定合并范围的同时，还需要从其他视角对合并范围进行分析。

二、“受托责任”概念与合并范围界定

使用“受托责任”概念界定合并范围，主要体现在政府解除受托责任需求。在公共部门，会计对证明责任起着关键作用（Chan，2003；Mack and Ryan，2006）。公共部门资产属于全体社会公众，“所有权归属对象”概念模糊。政客和管理人员基于受托人身份对公共资产占有和使用，公共资产提供者和使用者之间存在非本质自愿性关系，使得在公共部门中解除受托责任（问责）变得十分重要。在政治问责方面，公共管理部门应该对以社会公众的名义所做的事情承担相应的责任。管理问责是指，依据绩效标准，让管理机构对其执行的任务负责。公共部门中存在着财务责任、公平责任和绩效责任三种关系。新公共管理催生了公共部门职业化管理，管理者的责任得到了明确的划分，这是解除受托责任的前提。社会公众及政府信息使用者有权了解政府受托资源的使用绩效，同时政府及相关部门要报告其公共服务效能，这是解除受托责任的根本原因。政府会计最高层次的目标是帮助政府履行公共受托责任（陈立齐、李建发，2003）。在政府中，当缺乏利润动机和专门市场驱动管理时，“受托责任”（问责）在引导管理方面起到更加重要的作用。

政府合并财务报表作为政府整体财务状况和绩效的反映，能够通过提供完整整体财务信息来解除政府受托责任（问责），进而满足内外部利益相关者的诉求。无论是单个财务报表还是合并财务报表都被认为是解除受托责任的一个重要工具（Nistor and Stefanescu，2012）。考虑到公共部门目标、财政管理、所有权和会计信息使用等几个方面，以“受托责任”概念为基础界定政府合并财务报表范围，旨在满足诸多不同利益相关者的需求（Grossi et al.，2014）。此外，通过市场机制提供公共服务，将增加公共部门的竞争性。公共服务机构的公司化、分散化使得政府协调、引导、控制以及问责变得十分困难。问责制的缺失是导致全球财政稳定与长期可持续

发展产生风险的一个重要因素（Cîrstea，2017）。事实上，问责制确保了公共部门官员的所有行动和决定受到监管，不仅保证了政府计划达到既定目标，而且对社会公众的需求做出回应，从而有助于善治（Goddard，2005）。为问责制提供信息是财务报告的目的之一。因此，会计制度与问责制之间存在联系，旨在识别用户信息的需求（Lapsley，1999）。Laughlin（2008）分析了“实体问责”与“决策有用性”之间信息的差别，“实体问责”被解释为向所有用户报告实体活动；“决策有用性”是指财务报告涉及特定利益相关者的专门决策的目的。同时，Laughlin（2008）还认为“实体问责”和“决策有用性”代表了一个统一的概念框架基础，旨在实现决策有用性，并满足不同利益相关者的决策需求。

Bergmann 和 Biancone 等（2015）分析了在公共部门编制合并财务报表过程中，利益相关理论比代理理论更适合，并解释了使用“受托责任”概念编制合并财务报表的重要意义。在公共部门中，依据“控制”概念界定合并范围存在困难，主要是因为权力并不总是与所有权相关。预算标准可以作为控制标准的补充，可以强化政府财务问责。美国联邦会计准则咨询委员会、政府会计准则委员会以“受托责任”概念作为界定合并范围的基石。其中政府会计准则委员会（1987）认为，“受托责任”概念是财务报表编制、财务状况以及其他会计信息披露的重要基石之一；同时，政府会计准则委员会则认为，公民的知情权是对政府问责的基础（Wise，2010）。GASB14 公告是基于“受托责任”概念界定报告实体范围。政府会计准则委员会（1991）认为，一个主要政府应对一个法律实体的财务负责，主要包括以下情况：实体的官员由一个拥有大多数投票权的机构任命，或能把其意志强加于实体，或潜在向政府机构提供专门的财务利益，或能够增加政府财务负担。地方政府可以对依靠财政支持的政府组织进行财务问责。因此，“受托责任”概念作为合并范围的界定基准，能够包含更广泛的报告实体，同时更能强化政府风险和责任意识。依据“受托责任”概念内涵，所有一贯获得政府预算资金的实体，都应包含在合并范围内。因此，在界定合并范围时，需要弄清政府与各个分散实体之间的本质关系，即实体运行职能所需资金是否完全或实质由财政预算资金提供，及其所产生的债务是否由政府负担或兜底。此外，“受托责任”可以向社会公众展示政府如何有效利用政策分配财政资金及应担负责任，政府合并财务报表可以对不同层级政府解除受托责任进行比较。

此外，Bergmann（2009，2015）和 Bisogno 等（2015）分别从经济（控制）、预算、组织和法律、统计、风险五个不同视角分析政府合并财务报表涵盖范围。

“控制”概念也被视为以“经济”视角界定合并范围，包含了控制主体和受控实体，但没有从政治方面考虑公共部门合并范围边界；由于政府有能力对许多公共实体行使权力，即“控制与驱动经济”视角将会允许合并范围相对较大；政府合并财务报表使用“控制”概念界定合并范围，旨在向决策过程提供有用的信息，然而，这种方法似乎并不能满足问责的信息需求。

“预算”视角主要考虑政府预算影响实体决策或对其是至关重要的因素，也即从政府获取财政预算资金支持的实体都应包含在合并范围内；因此，“预算”视角是一种更严格的控制，与“控制”视角相比，“预算”视角下的政府合并财务报表合并范围变窄（排除了没有受到政府预算资金资助的实体），合并财务报表编制的主要目的是解除受托责任。

“组织和法律”视角主要依照法律规定，即若一个组织隶属于上级组织部门，则应包含在合并财务报表之中，合并范围主要包括法律规定隶属上级的实体（Brusca and Montesinos，2009）。“组织和法律”视角可能解决许多界定合并范围的实际问题，然而，如果没有清晰和连贯的立法，就可能造成合并范围边界模糊。

“风险”视角是指对政府来讲，能够导致财政风险的所有实体都应合并，包括在财务出现困境时得到政府纾困的大型私营部门。因此，“风险”视角界定的合并范围扩展了合并范围边界，使其包含许多实体，其数量至少和“经济”视角下合并范围包含的实体数量一样多。Bergmann（2009）认为，风险的信息应该在报表附注中披露，而不是通过合并财务报表反映。

“统计”视角的合并财务报表主要以财政统计为基础，合并实体主要包括一般政府部门（General Government Sector，GGS），排除超过50%收入来自市场的实体。一般政府部门主要包括所有层级政府，乃至包含在联邦政府下，并不由中央政府控制的州和地方政府。在“统计”视角下，政府合并财务报表与国民经济核算账户提供的信息非常接近。当“风险”视角和“统计”视角界定合并范围时，“控制”标准不是先决条件。

从当前政府合并财务报表编制国家的实践经验看，“控制”概念已成为界定政府合并范围的主要基准，在大多数经济合作与发展组织国家中使用“控制”概念界定合并范围已十分普遍。但由于每个国家的历史、政治、社会背景特征不同，即使使用相同标准界定政府合并财务报表合并范围，结果也会存在明显差异。例如，在瑞典中央政府层面，合并范围的界定将多数投票权作为控制标准，控制主体有能力批准条例和类似文件，有能力任命董事会中的多数成员；在地方政府层面，合并范围的界定依据 SCMA8.1，要求控制主体的所有权至少达到 20%，这主要是考虑地方政府强调受托责任而非控制。英国政府整体财务报告是以公共本质和财务依赖关系为基础进行合并的，其范围包括地方政府和非部门公共团体（Non-Departmental Public Bodies，NDPBs）。丹麦编制政府合并财务报表依据财政统计规则，而不是财务会计准则。在瑞士，联邦政府合并财务报表合并范围的界定主要依据《联邦财政管理法案》第 55 条的规定，并考虑实体部门职能以及与联邦政府预算的关系，其范围包括中央联邦政府、地方政府及其行政机构以及与政府预算相关的社会保障基金、失业保险基金、补偿基金和铁路基金等。欧盟在编制公共部门合并财务报表时，对合并主体范围的界定采用了传统公共预算和企业报表合并折中的方法，并受到国际公共部门会计准则关于界定“控制”概念的直接影响，因此可将欧盟公共部门合并财务报表编制分为两个阶段：第一阶段，合并财务报表包括欧盟机构与咨询机构，合并标准依据国际公共部门会计准则，使用了“控制”概念对下属分散实体进行合并；第二阶段，自 2005 年起，欧盟合并财务报表扩大了合并范围，包括了欧盟依据法律设立的其他机构以及获得欧盟预算拨款的部门。因此，欧盟第二阶段界定公共部门合并主体范围有两个标准，一是预算标准（以欧盟总预算为依据，主要用于解除受托责任），二是控制标准（欧盟机构依据 IPSAS6 确定）。

表 4-1 为部分国家（地区）与国际组织界定政府合并财务报表合并范

围的标准。总之，政府综合财务报告目标日益多样化、复杂化，利益主体呈现多元化，这就导致合并范围界定标准可能是一种基准或多种基准的组合，旨在提供完整、准确、可靠的公共部门财务信息，满足相关利益者诉求。因此，无论一个国家或组织是选取一种还是同时使用两种及两种以上标准作为界定合并范围的基准，都应认为是适当的。

表 4-1　部分国家（地区）与国际组织界定政府合并财务报表合并范围的基准

国家（地区）	控制	受托责任	预算	组织与法律	统计	风险
澳大利亚	√	√			√	
加拿大	√				√	
智利					√	
丹麦			√		√	
爱沙尼亚	√					
以色列	√			√		
新西兰	√					
斯洛伐克	√			√		
西班牙				√		
瑞典	√	√				
瑞士				√		
英国	√				√	
美国		√	√			
奥地利	√					
捷克				√		
葡萄牙	√					
欧盟	√	√				

第二节　政府合并财务报表的合并方法

一、合并方法的类别

从国际范围来看，政府合并财务报表的合并方法主要有完全合并法、权益合并法和比例合并法。完全合并法又称逐行合并法，指编制政府合并财务报表时，在抵销内部交易情况下，将合并主体与被合并实体的会计报表项目，如资产、负债、净资产、收入和费用等项目单行逐项合并的方法；完全合并方法要求合并主体和被合并实体的会计报表要统一会计政策和会计期间。权益合并法指投资以初始投资成本计量后，在投资持有期间，合并主体依据持有被合并实体所有者权益的份额的变动对投资的账面价值进行调整的方法。比例合并法指合并主体依照所持被合并实体的权益比例，逐项将被合并实体资产、负债、收入、费用并入合并主体会计报表的方法。完全合并法基于实体理论或母公司理论，若控制实体并非 100%拥有受控实体，要把少数股东权益作为单独合并财务报表项目进行列示。权益合并法适用于共同控制、具有重大影响条件下对联营、合营主体合并。比例合并法基于所有权理论，适用于重大影响条件下联营主体合并。使用以上三种合并方法进行合并时都需要抵销内部交易，合并财务报表仅反映与第三方交易的外部事项。图 4-1 为合并财务报表理论框架与合并方法。

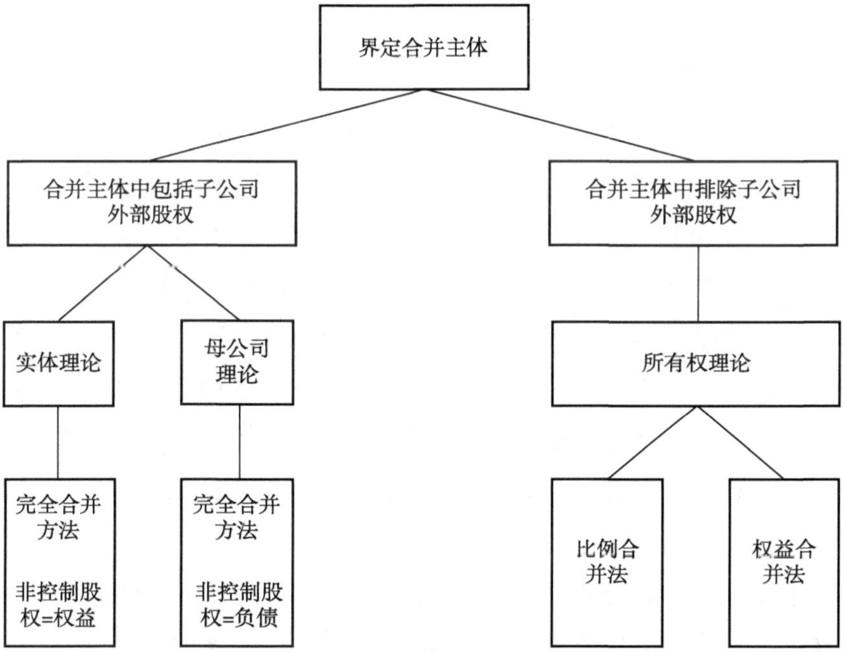

图 4-1　合并财务报表理论框架与合并方法

当前，诸多学者对政府合并财务报表合并方法进行了研究。例如，Tagesson（2009）认为，依据权益合并法低估了服务成本，依据完全合并法高估了服务成本；比例合并法在很大程度上使服务成本与收益配比，可以实现不同地方政府组织之间的比较。Grossi 等（2013）认为，完全合并法把所有报表项目相加，使得合并报表项目金额虚高，并不能满足信息使用者的需求；权益合并法代表了实际所享有的权益，因此能够使会计信息变得更相关、透明。Bergmann 等（2015）研究发现，使用“控制”概念作为主要界定合并范围标准并不意味着对所有受控实体合并使用完全合并法，在特定情况下，使用权益合并法似乎比使用完全合并法更合理（如加拿大国家银行合并使用修正权益法）；但权益合并法并不能在报告主体中反映被合并实体的整体负债和财务风险。Efrag（2014）认为，权益法到底是合并方法还是计量基础，当前仍在争论之中。Nobes 和 Parker（2012）认为，国际公共部门会计准则理事会的合并方法主要基于母公司理论，因此，合并财务报表主要披露整体效果，其主要关注母公司（或持有）的利益和它的利益相关者。

二、合并方法的应用

国际公共部门会计准则对选取合并财务报表合并方法做出以下规定：IPSAS6 要求在编制公共部门合并财务报表时，对所有控制实体使用完全合并法合并。IPSAS7 要求对联营企业的投资使用权益合并法合并；IPSAS8 要求对合营资产使用权益合并法或比例合并法合并。IPSAS35 规定对受控实体合并适用完全合并方法，同时，IPSAS35 引入了“投资主体”概念，适用于一些主权财富基金，通常情况下，投资主体通过盈余或赤字的公允价值衡量被控制实体的投资。此外，国际公共部门会计准则理事会认为，无论控制实体本身是否为一个投资实体，控制投资实体的实体都应在其合并财务报表中保留投资实体的投资核算方法。IPSAS36——对联营和合营实体的投资规定权益合并法适用于计算报告主体在联营和合营实体中的投资；它对选取合并方法的要求非常类似于 IPSAS7——对联营主体投资会计的规定，但与 IPSAS7 对比，对于短期投资，IPSAS36 不允许有不同的会计处理方法。IPSAS37 与 IPSAS8 不同，IPSAS37 把联合安排分为联合运营和合资企业两类，其中合资企业又可分为共同控制实体、共同控制经营、共同控制资产。联合运营是指参与的双方对相关安排的资产享有权利，对负债承担义务。合资企业主要强调参与双方有权对净资产进行安排。对联合运营的会计核算，IPSAS37 要求通过识别报告主体拥有联合安排资产、收入和应承担负债、支出的比例份额，计算其享有的利益；同时，IPSAS37 明确要求对共同控制实体会计核算使用权益合并法；这与 IPSAS8 允许对共同控制实体使用权益合并法或百分比合并法存在显著不同。

从国际实践经验看，完全合并法应用于英国、美国、加拿大、新西兰、意大利、瑞典等几乎所有编制政府合并财务报表的国家。葡萄牙公立大学的资金是由大学自身、主管机构、基金会和其他商业机构等多方出资，并入合并财务报表时采用比例合并法。澳大利亚的公共企业是指政府经营企业，其主要职能是在私营部门中从事商业活动，其投资以公允价值计量，并使用现金流量折现技术方法。在报告期间结束时，澳大利亚政府采用比例合并法计量其拥有权益数额，即占该上市公司的净资产的投资比例。瑞典地方政府合并财务报表依据 SCMA8. 1 之规定使用比例合并法合并所属企业。瑞士联邦政府对于大部分实体使用完全合并法合并；同时，联邦政府在铁路、邮政、电信等机构拥有重要利益，因此，合并财务报表采用权益合并法合并。此外，合并方法与国际公共部门会计准则规定存在差异的情况下，合并财务报表附注披露了偏差的原因。欧盟公共部门合并财务报表合并方法与 IPSAS6、IPSAS7、IPSAS8 的规定相一致，即对受控实体使用完全合并法；对共同控制实体（如伽利略卫星系统）使用权益合并法或比例合并法；对具有重要影响的实体（如欧洲投资基金）使用权益合并法。加拿大政府在企业中所拥有的权益更像一种投资，无论企业是否受到政府控制，并入政府合并财务报表时均使用权益合并法。此外，澳大利亚、爱沙尼亚、新西兰、英国、加拿大等国家政府合并财务报表中合并国家银行和社会保障机构，其中加拿大使用修正权益法进行合并；而智利和美国政府合并财务报表没有合并国家银行、社会保障机构，其中美国政府并不是国家银行的所有者。

第三节 对我国政府合并财务报表的启示

发达国家政府会计改革起步较早，各国在结合自身国情的基础上均取得了较为丰富的改革成果，通过梳理各国政府综合财务报表合并范围与合并方法的特点、经验，可以有效推动政府综合财务报告制度的建立，指导中国政府合并财务报表编制。

一、统一会计核算基础与会计政策

（一）会计核算基础

卓越的会计是高质量报告的基础，反之亦然。当前，我国政府会计准则制度会计核算运用了“双基础”“双分录”，在完善现行预算会计功能的同时，强化了财务会计功能，重新定义和规范了会计要素，对信息质量做了明确规定，要求会计核算按照权责发生制进行确认、计量、记录，并在此基础上生成单个报表，最终形成合并财务报表；同时，要求合并主体和被合并主体实行统一会计政策，确保报表合并产生数据的真实性、完整性、准确性和可比性。因此，财政部门加强与相关部门之间的协作与协同，统筹推进政府会计制度与政府会计准则实施，夯实政府会计核算基础，已成为政府合并财务报表编制的关键。在执行政府会计准则制度过程中，财政部门、行政事业单位财务部门要认识到合并财务报表编制并不仅仅是财务部门的事，还应与其他部门协调配合，如与资产管理部门、资产实际使用部门、财务部门实时进行数据的有效对接，确保数据的正确统一。此外，在实际工作中，经济业务活动情况多且类型复杂，合并财务报表编制应依据政府会计准则制度，明确资产相关业务的主要流程和重点环节，明确资产相关业务的会计处理规范，做到方法简便、可操作性强，尽可能减少专业判断。

（二）会计政策

会计政策是在会计核算时所遵循的具体原则以及所采用的具体会计处

理方法。编制政府合并财务报表是一项涉及面广、内容交叉、技术复杂的工作。同样的业务，会计标准不一、会计政策不同，会造成不同部门、不同单位之间的会计信息可比性不高，以致影响政府合并财务报表信息的质量。例如，资产的确认标准要有合理的理论依据和估价方法。在使用公允价值计量方面，Galera 和 Bolívar（2011）认为在考虑市场环境条件下，公共部门使用公允价值计量属性与使用历史成本计量属性相比，能够提高信息透明度，有利于不同公共部门会计信息的比较。目前，美国、法国、德国政府资产计量主要基于历史成本计量属性；而英国偏重于公允价值计量属性；我国《政府会计准则——基本准则》引入了公允价值计量属性，但由于政府拥有大量非流动资产（如公共基础设施），没有完全适合公允价值计量属性的市场环境，所以，盲目采用公允价值会导致政府会计信息产生可靠性问题，这将与政府合并财务报表编制初衷相违背。

在公共基础设施会计计量方面，Barton（2005）认为，重要类别的资本资产（公共基础设施、艺术、遗产）不是资产，不应包含在政府的资产负债表中。Walker 等（2004）认为，公共基础设施资产的报告应从“工程”的视角反映，信息应主要关注资产的实际状况与将来的维护需求，而不是从会计政策制定者的视角出发，关注账面价值和折旧。通常情况下，公共基础设施资产有很长的使用寿命，历史成本的计量模式被认为是无关紧要的，因为其可能是一种误导性的性能测量。在基础设施资产价值计量方面，较为适合重置成本和剥夺价值（Deprival Value），即如果处置，基础设施资产将被其他类似资产所取代。此外，剥夺价值可以应用于政府资产，无论政府资产是否有能力以全部成本产生净现金流量或交付服务。但是政府和会计职业协会对此提出意见，基础设施资产价值的估值受到了批评，主要因为它没有解决基础设施的管理问题（Walker et al.，2004）。此外，随着公共部门市场化进程的日益加深以及竞争环境的日益激烈，公共基础设施会计计量需要满足诸多利益相关者的诉求，包括社会公众、债权人、议会和监管机构，公共基础设施的运营将增加公共部门问责的压力；公共部门管理者可能面临社会公众的压力，要求披露公众关心的信息。因此，公共基础设施采用何种会计核算模式至关重要。在我国，历史形成的、已经没有完整资料佐证计量信息的公共基础设施，可在现行市场价格的基础上，明确估算办法或评估机制，并以估算的价值来入账；对新建造的公共基础设施按照会计标准确认入账，这样做旨在为编制政府综合财务报告提供真实可靠的数据基础。

二、准确界定合并范围

界定合并范围是编制政府合并财务报表的前提。能否准确地界定政府合并财务报表合并范围，关系编制出的政府财务报告能否准确、完整地反映政府财务状况和运行情况。当前，国际上政府合并财务报表合并范围的界定基准主要有“控制”概念和“受托责任”概念，其中“控制”概念主要实现决策有用，而“受托责任”概念是政府以公共委托责任作为职能范围，反映公共受托责任的履行情况，主要体现政府解除受托责任的需求。

我国在借鉴国际经验的同时，要结合自身财务报告的目标界定政府合并财务报表合并范围的基准。我国《政府会计准则——基本准则》第五条规定，财务报告的目标是向财务报告使用者提供政府的财务状况、运行情况（含运行成本）和现金流量等有关信息，反映政府会计主体公共受托责任履行情况，有助于财务报告使用者做出决策或者进行监督和管理。因此，我国政府财务报告目标决定界定我国政府合并财务报表合并范围的基准要同时使用“受托责任”概念和“控制”概念。

我国国体、政体性质决定了“受托责任”概念应当是界定政府合并财务报表合并范围的基准之一。政府代表人民使用公共资源、履行其公共服务职能，这就要求政府做到依法、廉洁、勤政、阳光、高效，并向本级人大报告其工作，接受社会公众、纪检部门、监察部门、审计部门的问责监督。例如，党的十八届三中全会提出对领导干部实行自然资源资产离任审计，建立生态环境损害责任终身追究制；党的十八届四中全会提出建立重大决策终身责任及责任倒查机制，这些都是“受托责任”的集中反映。

“控制”概念作为国际公共部门会计准则所倡导的界定合并范围的基准，旨在克服“所有权”概念的局限，强调报告主体对受控实体“权力和收益”两个要素的实际影响。目前，虽然界定公共部门合并范围使用“控制”概念仍存在争议，但此概念在诸多编制政府合并财务报表的国家已得到了实践。我国政府资产存在于国有企业和其他混合所有制经济模式中，可以考虑使用“控制”概念作为界定合并范围的另外一个基准。同时，我们要对“权力和收益”有清晰而深刻的理解：“权力”不仅指多数投票权，还要考虑法律和正式协议赋予的权力；“收益”包括财务收益和非财务收益两类，主要考虑非财务的社会收益目标。

我国政府合并财务报表合并范围还涉及各级各类行政事业单位、社会团体，合并时需要考虑其与财政部门之间是否存在经费缴拨关系；同时，我国地方政府、中央部委都需要编制各自包含其下属机构和管辖单位的综合财务报告，但它们也同样隶属于中央政府，因此，界定合并范围时还需要考虑行政隶属关系；此外，我国政府合并财务报表合并的范围还应考虑矿山、海洋物产、寺院等公共资源。

由于我国公共部门的多样性、政府资产以多种形式存在，政府综合财务报告编制主体构成比较复杂，事业单位职能定位不明确，管理的范围交叉，因此，界定政府合并财务报表合并范围时无法做到全面覆盖，在实际操作中很难做出准确的判断，甚至会出现与准则相抵触的问题。可以借鉴国际经验，通过相关法律、制度明确单位会计主体，对合并范围的界定进行规定和补充。例如，瑞士联邦政府层面依据《联邦财务管理法》第 55 条之规定界定政府合并财务报表合并的范围。

三、选取恰当的合并方法

在合并方法选取方面，要考虑报告主体与被合并实体之间的本质关系，即政府在受托责任的情况下，要考虑被合并实体日常运营是否依靠财政预算资金，以及对被合并实体控制程度、是否负有兜底债务责任。在我国，各级各类行政事业单位、社会团体组织日常运营主要依靠财政预算资金，因此并入政府合并财务报表需要采用完全合并法，即在编制政府合并财务报表时，在抵销内部交易事项的前提下，依据各个被合并主体会计报表逐项汇总。国有企业并入政府合并财务报表，要依据其不同类型选取合并方法：地方政府融资平台公司主要由政府出资成立，承担市政基础设施建设及公用事业，政府对其债务负有兜底责任，可采用完全合并法合并。对于其他类型政府控制的国有企业，在目前试编政府综合财务报告阶段，可暂时使用简单权益法合并，旨在政府合并财务报表中准确反映国有资产的数据；待编制政府合并财务报表各项条件成熟时，国有企业并入合并报表可以采用完全权益法，既要摊销投资的公允价值与账面价值之间的差额，还要扣除内部交易形成的未实现损益，依照所持国有股的权益比例，将国有企业资产、负债、收入、费用逐项并入政府合并财务报表，做到资产与负债、收入与费用的配比。此外，对于混合所有制中的政府资产，符合共同控制标准的，可以采用比例法或权益法合并；符合重大影响标准的，可以采用权益法合并。

四、实现精准抵销

内部交易调整抵销是合并财务报表编制的关键环节。从国际上看，美国、加拿大无法对政府部门间频繁发生的内部交易活动进行充分的会计记录和抵销处理，影响了合并财务报表数据的可靠性。

在我国，随着经济活动的发展和单位间交流的深入，政府内部交易事项越来越多，显现出数据量大、业务复杂、涉及面广的特点，所以需要合并的报表将增加，抵销调整事项也将越来越多，而准确处理政府内部交易事项是做好财务报告数据基础的关键，这就要求各级财政、各部门首先严格执行《政府会计准则》《政府会计制度》，统一核算原则、统一会计科目、统一入账时间和入账标准，制定完善的对账制度，做到账账相符、账实一致，确保同一交易事项核对一致，减少内部交易调整抵销处理难度。

同时，加大对行政事业单位往来款项的清理力度，为财政与部门、部门与部门之间的抵销工作做好服务。在往来款项清理过程中，各部门要对往来款项分门别类地进行管理，对于混记的往来款项和收支款项，往来双方应及时对账并进行账务调整；对于到期应偿还的款项，及时催收；对于确实无法追回的款项，启动司法程序或按照规定程序报批核销。此外，需要规范上下级资金拨付流程，避免不同级次财政部门与预算单位之间、不同级次预算单位之间的资金收支往来，避免重复列收支的情况。例如，在资金的使用过程中，发生项目主体变更的情况时，部门（单位）应通过本级财政对预算指标进行调整，避免出现部门之间拨款的情况。

此外，强化内部抵销事项规范记录。要对被合并主体之间内部业务往来进行判断、甄别，若属于内部交易事项，则确定影响哪些合并报表项目，并依据会计重要性原则对内部业务往来进行判断筛选，抵销、剔除重复的部分，否则，会导致资产、负债总额的虚增；因此，在合并工作底稿中，部门应当对资产、负债、收入、支出等项目分别调整抵销，即对同一笔业务核算要考虑影响合并财务报表的多个项目，在涉及内部抵销的经济事项发生时就对其进行规范账目记录，通过辅助账清晰地列示抵销事项、对应部门等信息，减少核对工作量，以免造成遗漏。

当前，我国政府合并财务报表主要采用“表抵合并法”。这种合并抵销方法虽然在一定程度上能减轻合并工作量，但它只有在会计期末才能进行合并抵销，编制整个合并主体会计报表，因而无法使政府、社会公众、债权人等会计信息使用者时时了解整个合并实体的财务状况和事业成果。这样不仅不利于报表使用者及时做出有效的决策，也不能及时反映政府受托责任的履行情况，不能与政府公共治理的需求完全相适应。因此，从长期来看，建议在各项条件成熟的情况下，我国政府合并财务报表编制考虑引入“账抵合并法”。

五、完善报表附注披露

报表附注作为政府合并财务报表的重要组成部分，是对报表信息的进一步说明、补充或解释。Heald 和 Georgiou（2000）认为，政府合并财务报表应披露报告主体范围、合并实体与被合并实体之间的关系；并要对政府财务状况做进一步解释说明，提高政府合并财务报表信息的透明度。瑞士联邦政府合并财务报表在附注中披露了界定合并范围基准和合并方法的选取未完全遵循国际公共部门会计准则要求的原因及其偏离的方面。澳大利亚联邦政府以及州政府的合并财务报表附注包括了财务报表编制的基础、理解财务报表相关的重要会计政策；同时报表附注还披露了财政统计与政府合并财务报表协调措施以及已终止经营的业务。在欧盟公共部门合并财务报表编制过程中，要求控制实体、共同控制实体、重大影响实体必须使用统一的会计政策，其交易和其他会计事项应在相同或类似的环境中发生；如果实际没有采用统一的会计政策，应在合并财务报表附注中进行披露。

我国政府合并财务报表附注披露内容要包含合并报表编制基础、主体范围、合并方法、会计政策说明、或有及承诺事项、报表重要项目的明细信息及说明、需要说明的各种反映政府受托责任履行情况的资料以及未在报表中列示但对政府财务状况有重大影响的事项说明等，旨在做到覆盖全面、突出重点。例如，报表附注中可列示政府拥有的无法可靠计量的资产，包括有形资产和无形资产。以文物资产为例，建议披露文物资产的年代、数量，新增、处置等变化情况。

同时，要提高附注披露信息质量，信息要真实可靠，具有前瞻性、预测性；要有效建立附注和报表之间的钩稽关系，防范逻辑错误的发生。另外，报表附注中还应考虑各部门的实际情况，尽可能避免格式化的信息披露，提高政府社会责任方面的信息，同时，附注信息披露要把握保密程度，不能披露涉及国家机密的信息。

本章小结

合并范围的界定主要取决于报告实体与其他相联系实体之间的本质关系。从编制先行国家的实践看，政府合并财务报表界定合并范围主要使用两种基准："控制"与"受托责任"。然而，在公共部门中，确定哪些实体应包括在合并财务报表中并不简单，主要是因为：首先公共部门中控制与依赖关系并不是建立在与股份资本相联系的明晰的"所有权"概念的基础上的，它们之间的关系可能会多样化；其次并不是所有的实体（一些政府机构）都有平等或自治的法律地位，在某些情况下，政府与一些实体没有任何所有权关系时，法律授权政府管控实体；再次合并主体与那些"卫星”实体的关系并不总是能有清晰的、意义明确的概念基础；最后构成合并集团的企业可能是公共法人主体，也可能是私有法人主体，私有法人主体的企业必须要遵守私法，而公共法人主体的企业在其商业活动和年度预算的汇编中要受公共机构规范的规制。这就决定了界定合并范围并非只能使用某一种固定的合并基准，而是可以在多个合并基准中选择使用一个或几个合并基准。

在明确界定了合并范围包括的实体后，接下来必须要考虑选取哪种方法进行合并。合并方法包括：完全合并法、权益合并法、比例合并法。选取合并方法要考虑公共部门的特性及合并主体与被合并实体之间的本质关系，不同的合并方法适用于合并不同性质和类别的被合并实体。政府合并财务报表中使用不同合并方法对被合并实体进行合并，代表了政府实体对其分散实体的不同影响，以至最终对报表使用者产生影响。Chow 等（2007）认为，在比较政府财政的透明度和问责制的效果方面，使用不同方法编制的合并财务报表会对信息使用者产生不同的影响。

此外，公共部门与私营部门之间在诸多方面存在差别；这就要求公共部门借鉴私营部门编制合并财务报表的技术、方法与经验时，要充分考虑公共部门的特性。这主要是因为两个部门在以下方面存在不同：组织目标、资金来源、所有权、会计信息的用户等。这些差异影响了合并财务报表的合并范围的确定与合并方法的选择。

鉴于此，在借鉴先行国家编制政府合并财务报表经验的基础上，针对中国政府合并财务报表编制过程中存在的问题，就会计核算基础与会计政策、合并范围、合并方法、内部业务抵销、报表附注披露等方面提出相应的对策。

第五章　政府合并财务报表准则

政府合并财务报表准则是政府财务报表合并的依据和标尺。我国政府合并财务报表准则如何制定，需要考虑哪些方面的困难，这是编制高质量的政府合并财务报表必须加以考虑的问题，相关部门和学术界对此也高度关注。本章就这一问题展开研究，首先对国际上不同国家的政府合并财务报表准则进行比较分析，在此基础上，从理论和实务操作层面对我国政府合并财务报表准则的制定进行探讨和分析。

第一节　政府合并财务报表准则的国别间比较

一、合并准则内容比较

当前，在公共部门（政府整体、联邦政府、州或地方政府）中编制合并财务报表的国家主要有瑞典、英国、美国、加拿大、新西兰、澳大利亚、奥地利、芬兰、法国、荷兰、瑞士等。然而，仅瑞典、英国、美国、加拿大、新西兰、澳大利亚等国家以及 IPSASB 制定了政府合并财务报表准则，如美国政府会计准则委员会第 14 号公告（GASB14）、美国联邦政府会计准则咨询委员会第 2 号概念公告（SFFAC2）[①]、澳大利亚 AASB1049、瑞典市政区会计委员会第 8 号准则（SCMA8.2）、加拿大 PSAB1300、IPSAS35 等。

---

① 2014 年 12 月，FASAB 发布了联邦会计第 47 号公告（SFFAS No.47）——报告主体，自 2017 年 9 月 30 日开始实施，且不允许提前实施。SFFAS No.47 未来将作为通用目的联邦政府财务合并财务报表编制的准则。

从国际上看，政府合并财务报表准则主要是对准则应用范围、合并主体的定义与涵盖范围、合并原则、被合并实体的定义与界定标准、合并财务报表组成部分等方面做出规定。例如，GASB14 适用于由基本政府（Primary Government）、政府的联营企业、共同治理的组织以及其他独立政府的组织编制的财务报告。政府财务报告主体包括三类组织：一是基本政府，其是财务报告主体的核心；二是基本政府负有财务受托责任的组织；三是其他组织，就该类型组织和基本政府的关系看，如果不将它们包括进政府财务报告，会导致报告主体的财务报表产生误导或者不完整。GASB14 确立了实体应合并的原则——受托责任，并使用权力和收益两个指标作为界定实体合并的标准。又如，SFFAC2——主体和显示，规定政府报告主体应覆盖统一的预算。SFFAC2 主要使用两个标准确定报告中应包含的实体：一是确定性的标准，即联邦预算涉及的账户和实体都应并入合并报告实体中；二是使用指标性的标准界定合并范围，主要考虑一些实体尽管不符合确定性的标准，但如果报告主体不包括这些实体和组织，将可能导致通用目的财务报表会计信息的不完整性和误导性，因而这些实体也应合并。美国联邦政府合并财务报表包括了权责发生制财务报表、可持续发展的财务报表以及合并财务报表附注。其中，以权责发生制为会计核算基础的报表包括了净成本表、净运营与变化状况表、净营运成本与统一的预算赤字对账表（Reconciliations of Net Operating Cost and Unified Budget Deficit）、统一预算和其他活动的现金余额变动表（Statements of Changes in Cash Balance from Unified Budget and Other Activities）、资产负债表以及这些财务报表的附注。此外，IPSAS35、RKR8.2、PSAB1300 等合并准则也对合并主体、合并原则、合并方法、界定被合并实体标准、合并财务报表构成部分等方面做了规定。

尽管先行国家的政府合并财务报表准则包括了相同方面，但每个方面的具体内容存在着差异。例如，在界定合并主体涵盖范围方面，IPSAS35 以“控制”概念作为基准，SFFAC2、GASB14、SCMA8.2 以“受托责任”概念作为基准，而 AASB1049 同时以“控制”概念和“受托责任”概念作为基准。再如，IPSAS35 规定对受控实体合并使用完全合并方法，该准则判断一个公司是否应纳入合并的经验法则是合并主体应拥有 20% 的投票权，并依据比例法对该公司进行合并。出现上述差异的主要原因是这些先行国家的历史、政治、社会背景不同。历史、政治、社会背景的不同致使其政府财务报告目标存在差异，进而导致合并主体涵盖范围、合并原则、合并方法等方面的差异。

二、合并准则国际趋同

在公共部门变革中，会计是公共部门改革的核心（Roje，2012）。当前，会计作为政府财务报告的共同语言，正在趋同、国际化，并通过不同渠道影响公共部门的实践（Heald and Hodges，2015）。从国际实践及其发展趋势看，政府合并财务报表准则趋同主要包括两个方面：一是与企业财务报表合并准则趋同；二是以国际公共部门合并财务报表准则为基准并与其保持趋同。

（一）与企业合并财务报表准则趋同

当前，企业会计准则已全球化，其中，IFRS 和美国一般公认会计原则已在上市公司中占据主导地位。在世界范围内，企业会计准则国际趋同与战略协调一致，影响了整个公共部门的重组过程。在许多国家政府部门和国际组织中，会计准则制定及趋同受到国际会计准则理事会的影响越来越大。

1. 先行国家政府合并财务报表准则与企业会计合并准则趋同

在先行国家政府合并财务报表准则与企业会计合并准则趋同方面，加拿大、美国、英国、澳大利亚等安格鲁—撒克逊文化的国家走在世界前列。这些国家把权责发生制政府会计改革并入新公共管理，旨在推动公共部门会计准则与企业准则的趋同。在过去几十年时间里，诸多学者对公共部门与私营部门使用相同会计准则进行研究（Brusca et al.，2013；Heiling et al.，2013；Ouda，2014），他们认为公共部门借鉴私营部门的管理技术，将对公共部门管理运营以及公共部门会计准则与私营部门会计准则趋同产生巨大影响。在公共部门财务会计和预算中执行权责发生制原则，并通过公共部门与私营部门之间会计准则的趋同，缩小两个部门之间的差距，架起它们之间的桥梁。

澳大利亚、英国①等国家的会计准则主要借鉴了 IFRS，并同时适用于本国公共部门和私营部门。新西兰②自 2014—2015 预算年度起，合并财务报表编制改为依照 IPSAS 进行合并。加拿大公共部门会计理事会、美国联邦会计准则咨询委员会、政府会计准则委员会都借鉴了本国企业会计准则制定政府会计准则。Giuseppe Grossi 和 Francesca Pepe（2009）使用 Jaccard 相似系数法分析了加拿大、英国、新西兰、瑞典、美国、澳大利亚 6 个国家的政府合并财务报表准则，结果显示，尽管各国政府合并财务报表的标准存在显著差异，但衡量合并准则标准的指标却非常相似。从世界先行国家编制政府综合财务报告的实践看，英国、澳大利亚等国家已在私营部门和公共部门中使用相同会计准则构建财务报告。

2. 国际公共部门会计合并准则与企业会计合并准则趋同

在国际公共部门会计合并准则与企业会计合并准则趋同方面，国际公共部门会计准则由国际公共部门会计准则理事会设计、制定、发布，是一套基于权责发生制与收付实现制基础的准则③。IPSASB 的战略是借鉴 IAS/IFRS 制定的一套高质量的公共部门会计准则，旨在节约时间和资源。IPSAS 制定的基础主要是 IAS/IFRS，因此，其大部分 IPSAS 都与 IAS/IFRS 相一致④，其中合并 IPSAS6 与 IPSAS35 的制定基础分别是 IAS27 和 IFRS10。

---

① 英国主要以“IAS27——合并报表和单独报表”作为本国的政府合并财务报表准则。

② 2005 年 1 月 1 日至 2007 年 1 月 1 日，新西兰公共部门可以选择使用 IFRS；自 2007 年 1 月 1 日起，新西兰公共部门和私营部门都完全使用 IFRS（资料来源：Trewavas 等，2012）。

③ IPSASB 认可政府会计的两种核算基础：现金制和权责发生制。2003 年 1 月，IPSASB 发布了现金制会计核算基础下财务报告准则。截至目前，该准则是 IPSASB 唯一以收付实现制作为会计核算基础的准则。现金制会计核算基础下财务报告准则要求公共部门编制、公布现金收支报表，并在报表附注中披露相关会计政策，而 IPSASB 公布的其他会计准则都是以权责发生制为基础的政府会计准则，并在会计概念的使用上与 IFRS 保持一致。2016 年 7 月 31 日，IPSASB 发布了现金制会计核算基础下财务报告准则的修订意见稿，旨在确保以现金制为基础的 IPSAS 的要求与激励能够更好地与权责发生制为基础的 IPSAS 协调一致，但使用现金制会计核算产生偏差的情况除外。

④ 截至 2017 年底，IPSASB 已发布的 40 个权责发生制公共部门会计准则，其中 6 个准则不是以 IFRS 作为基础，其中 IPSAS21、IPSAS22、IPSAS23、IPSAS24 四个准则只是针对公共部门发生的业务，并考虑了公共部门的交易和特性，而 IPSAS1 和 IPSAS2 两个准则描述财务报表基本事项，是其他所有准则制定的基础。

一些学者对国际公共部门会计合并准则与企业会计合并准则趋同进行了研究，Cîrstea 等（2015）使用相似系数法把 IPSAS6、IPSAS7、IPSAS8 三个准则分别与 IAS27、IAS28、IAS31 三个准则进行相似度分析，结果表明，在合并准则方面，国际公共部门会计准则与国际会计准则是高度一致的。Cîrstea 等（2015）使用相关系数法把 IPSAS6、IPSAS7、IPSAS8 三个准则分别与 IFRS10、IAS28、IFRS11 三个准则进行相似度分析，研究结果证实：IPSAS6、IPSAS8 两个准则与 IFRS10、IFRS11 两个准则差异很大，而 IPSAS7 与 IAS28 差异不大，其原因是国际会计准则理事会 2011 年修订了 IFRS10、IFRS11 两个准则。2015 年 1 月，IPSASB 也在 IPSAS6、IPSAS7、IPSAS8 三个基础上，发布了 IPSAS35、IPSAS36、IPSAS37 三个准则作为新的公共部门合并财务报表编制依据的事实相吻合①。Cîrstea 等（2017）使用 Jaccard 相似系数、Rogers and Tanimoto 相似系数、Sokal and Sneath 相似系数分析了 IPSAS6 与 IAS27、IPSAS6 与 IFRS10、IPSAS35 与 IFRS10 之间的相似性，结果显示，IPSAS6 与 IAS27 之间相似程度较高，IPSAS6 与 IFRS10 之间相似程度较低，IPSAS35 与 IFRS10 之间相似程度较高的主要原因在于 IPSAS 是以 IFRS 为基础来制定的，并与之保持了趋同。一些学者（Chan，2003；Bergmann，2009）认为，IPSAS 代表私营部门影响公共部门的一个重要的、相关的例子，即 IPSAS 主要源于私营部门会计准则（IAS/IFRS）。此外，IPSAS 在与企业会计准则趋同的过程中，大型公共管理审计与咨询公司也发挥了重要的作用，即这些公司在企业领域方面有丰富的技术、完善的组织和深厚的文化背景，明显倾向于用企业会计

① IPSASB 制定 IPSAS 的基础是 IAS/IFRS，因此，IPSASB 的目标是与 IFRS 相一致。2011 年 3 月，国际会计准则委员会发布了以下与国际公共部门相等同的准则：国际财务报告 10 号准则——合并财务报表；国际财务报告 11 号准则——合营安排；国际财务报告 12 号准则——其他实体权益披露；国际会计准则 27（2011 年修订）——单个财务报表；国际会计准则 28（2011 年修订）——在联营和合营企业中投资。此外，由于国际公共部门会计准则 6、国际公共部门会计准则 7、国际公共部门会计准则 8 到了该修订的时候，因此 IPSASB 已经开始启动一些新的项目工程，旨在检验现有和已经颁布的国际会计准则是否适合公共部门特性。其项目工程之一是修订 IPSAS6、IPSAS7、IPSAS8，旨在编制并公布公共部门合并财务报表。2011 年 6 月修订一个主要工程项目——IPSAS6、IPSAS7、IPSAS8，并于 2015 年 1 月发布了 IPSAS35、IPSAS36、IPSAS37。

准则作为公共部门会计准则的基本参考和框架（Christensen and Skaerbaek，2010）。许多国际组织，如经济合作与发展组织（OECD）、世界银行、国际货币基金组织正在努力使权责发生制公共部门会计准则和国际财务会计准则趋同，旨在创造高质量可比数据以及促进审计、遏制腐败、强化问责。

然而，政府合并财务报表准则与企业合并财务报表准则趋同仍存在争议。公共部门财务报表使用者的需求与私营部门财务报表使用者的需求并不相似，对于公共部门问责和决策制定有用的会计信息未必能满足私营部门投资者以及金融机构的信息需求，因此，公共会计的账户与私营部门的账户存在显著不同。此外，企业会计准则不能直接照搬到公共部门，因为其不能覆盖所有公共部门的交易业务，如税收收入、转移支付、社会福利、预算问题和国民经济核算等。

总之，我们必须清醒地认识到，在目前的经济与社会发展条件下，私营部门和公共部门制定一套合并财务报表准则在理论界和实务界还存在诸多争议与困难。因此，在未来很长一段时间内，企业合并财务报表准则与公共部门合并财务报表准则将长期并存，但两个准则之间的差异将逐步缩小，趋同是其发展趋势和方向。

（二）与国际公共部门合并财务报表准则趋同

1986 年，国际会计师联合会（IFAC）成立了公共部门委员会，并于 2004 年将其更名为国际公共部门会计准则理事会。IPSASB 的作用如下：一是鼓励世界各国使用 IPSAS；二是采取积极有效的措施，推广 IPSAS，如把准则内容翻译为西班牙语、法语等多种语言；三是与各国会计准则制定和发布机构进行最大限度的紧密合作，旨在实现资源共享。

当前，许多国家政府在制定本国政府会计准则时会保持与 IPSAS 准则的趋同。据 IPSASB（2010）估计，已经使用、计划直接使用 IPSAS 及以 IPSAS 为基础制定本国政府会计准则的国家有 71 个。直接使用 IPSAS 作为本国政府公共部门会计准则的国家有爱沙尼亚、以色列、丹麦和斯洛伐克。在瑞士，地方政府采用统一的会计模式（Harmonized Accounting

Model)，而联邦政府则使用新会计模式（New Accounting Model)，两种会计模式都保持与 IPSAS 的趋同；依据新会计模式的要求，联邦政府财务报告的编制基础是 IPSAS。巴西公共部门会计改革采用的是“中—上—下”(middle-up-down approach）的模式，保持与 IPSAS 趋同。新西兰自 2014—2015 预算年度起，依照 IPSAS6 编制政府合并财务报表。秘鲁、哥斯达黎加、哥伦比亚、智利和乌拉圭等拉丁美洲国家也保持与 IPSAS 的趋同。其中秘鲁和哥伦比亚与 IPSAS 趋同的一个关键因素是在制度中做到过程的同形；同时，这两个国家的审计署起到至关重要的作用。欧盟正在考虑建立一套适合欧盟成员国的公共部门会计准则——欧洲公共部门会计准则（European Public Sector Accounting Standards，EPSAS)，其仍以 IPSAS 作为起点和重要参考，旨在做到趋同的效果（Heald and Hodges，2015)，表 5-1 为欧盟成员国和美洲国家使用 IPSAS 情况①。此外，Cîrstea 和 Ciolomic (2014) 依据从现金制到权责发生制的转换过程、公共部门使用 IPSAS 的程度，把国家分为 5 个类别：第一类是计划使用 IPSAS 并开始改革本国会计系统的国家，如阿尔及利亚、阿根廷、巴西、中国、斯洛伐克；第二类是开始执行 IPSAS 并且所需法律已修改的国家，如塞浦路斯、匈牙利、蒙古、荷兰、挪威、越南；第三类是 2006 年开始采用 IPSAS 的国家，如法国、日本、意大利；第四类是完全采用 IPSAS 的国家，如南非、以色列、乌干达、秘鲁；第五类是会计系统很大程度上与 IPSAS 相一致的国家，如加拿大、澳大利亚、新西兰、英国、美国。Brusca 和 Martinez (2016) 认为，如果要从一个国家或公共部门中获取真实可靠的财务信息，IPSAS 作为一个清晰、有用的基准意义重大。

此外，经济合作与发展组织、北大西洋公约组织（NATO)、联合国 (UN)、欧洲联盟（EU)、世界银行等诸多国际组织一直致力于国际公共部

---

① 该资料主要来源于 Brusca 和 Martinez (2015) 的研究文献，本书在其基础上做了进一步修正。依据意大利政府会计改革最新进程，把意大利归入权责发生制会计国家，但公共部门会计准则并非基于 IPSAS。2011 年，西班牙中央政府强制实施 IPSAS；2015 年，地方政府层面开始强制实施 IPSAS。当前，英国虽已与欧盟分离，但本书仍把它归入欧盟成员国，目的是考查其与 IPSAS 的趋同性。

门会计准则（IPSAS）的趋同、推广使用，并在自身的会计系统中借鉴、使用 IPSAS。如经济合作与发展组织早在 2000 年就采用 IPSAS，它也是第一个使用 IPSAS 的国际组织。2002 年，北大西洋公约组织决定其财务报表编制规则遵循 IPSAS（NATO，2010）。2007 年和 2009 年，美洲国家大会组织（Organization of American States General Assemblies）两次研究使用 IPSAS 的可行性，随后决定在组织中采用 IPSAS 提供财务信息。2006 年，联合国大会决定在联合国会计核算系统中统一采用 IPSAS，其中，食品和农业组织（the Food and Agriculture Organization，FAO）是第一个采用 IPSAS 的联合国系统中的分支组织。世界银行、国际货币基金组织、经济合作与发展组织不仅鼓励使用 IPSAS，还建议将其作为公共部门强化问责制和提高透明度的重要组成部分；同时，世界银行、国际货币基金组织积极通过财政援助的方式支持 IPSAS 推广。

表 5-1　欧盟成员国和美洲国家使用 IPSAS 情况

中央政府	欧盟成员国	美洲国家
直接使用 IPSAS/IFRS 的国家	奥地利、捷克、爱沙尼亚、法国、立陶宛、马耳他、西班牙、英国	玻利维亚、巴西、哥伦比亚、哥斯达黎加、尼加拉瓜、秘鲁、委内瑞拉
改革进程中使用 IPSAS 的国家	匈牙利、拉脱维亚、葡萄牙	智利、多米尼加、萨尔瓦多、危地马拉、洪都拉斯、墨西哥、巴拿马
权责发生制会计并非基于 IPSAS 的国家（仅在某种程度上相同）	比利时、丹麦、芬兰、瑞典、克罗地亚、罗马尼亚	阿根廷、加拿大、美国
计划进行权责发生制政府会计改革的国家	希腊、意大利	
现金制会计的国家	德国、荷兰	巴拉圭

IPSAS 的推行主要基于国家意愿，并不具有强制性，因而导致其在世界范围内推广、实施还存在诸多障碍：政府组织缺乏参与 IPSAS 制定进程；国家立法需要修改现有的法律、法规；不同国家之间的制度差异；IPSAS 框架覆盖范围的差距；公共部门类型和规模需要不同的准则。此外，欧盟整体层面执行 IPSAS 的风险受自身资源所限，需要评估每个 IPSAS 的质量和适用

性；目前欧盟成员国都有本国的会计系统，如果执行 IPSAS 就需要花费高额的成本。另外，保持与 IPSAS 的趋同在各个国家也存在显著的差异。Tudor（2010）使用 Jaccard 相似系数对 IPSAS1、IPSAS2、IPSAS24 三个准则与罗马尼亚公共部门相应准则进行了相似性检验，结果显示两者之间有很高的相似度，即罗马尼亚公共部门会计准则保持了与 IPSAS 的趋同。Luigi 等（2013）比较了意大利政府合并财务报表准则（AS4）和 IPSAS6、IPSAS7、IPSAS8 三个准则之间的相似性，结果显示两者之间存在差异，IPSAS 并未移植到意大利会计准则中。Cîrstea 等（2014）使用 Jaccard 相似系数对澳大利亚、加拿大、美国、英国、瑞典等国家政府合并财务报表准则及 IPSAS6 进行相似度研究，结果显示 IPSAS6 与澳大利亚、加拿大、美国的合并准则更为接近，而与英国、瑞典的合并准则存在显著差异。

总之，各国政府合并财务报表准则之间的差异是客观存在的，但先行国家以及国际组织采用的政府合并财务报表准则逐步趋同成为国际趋势。作为政府合并财务报表编制的依据和标尺，政府会计合并准则国际趋同趋势日益明显，是因为不同国家政府、同一国家不同地方政府之间的政府合并财务报表信息具有可比性（李建发、赵军营，2016）。

三、IPSAS35 与 AASB10 相似性比较

关于政府合并财务报表准则的相似性研究是政府会计准则趋同研究的进一步延伸，是通过定量方法，在比较两套准则所包含元素的基础上，分析两套准则的相似性与差异性。本书以 Jaccard 相似系数、Rogers and Tanimoto 相似系数、Sokal and Sneath 相似系数计算澳大利亚合并准则——AASB10 与国际公共部门合并准则——IPSAS35 的相似性，旨在检验国际上政府会计合并准则的趋同程度。

2016 年 2 月，澳大利亚会计准则委员会（AASB）发布 AASB10——合并财务报表，该准则于 2018 年 1 月开始实施。AASB10 是在 IFRS10 的基础上制定的，适用于公共部门和私营部门，在准则“附录 E——澳大利亚非营利实体的应用指南”中对公共部门如何使用作了专门的规定。2015 年 1 月，国际公共部门会计准则理事会发布的 IPSAS35 是在 IFRS10 的基础上制

定的，因此，AASB10 和 IPSAS35 有着共同的制定基础，两者之间保持趋同与相似。下面运用 Jaccard 相似系数、Rogers and Tanimoto 相似系数、Sokal and Sneath 相似系数等定量方法对两个准则的相似性进行分析。

（一）计量方法

在衡量不同报表的要素相似度时通常应用 Jaccard、Rogers and Tanimoto、Sokal and Sneath 等相似系数。其中，Jaccard 相似系数衡量集合 A 和集合 B 的交集元素在集合 A、集合 B 的并集中所占比例，能够更好地比较两份综合财务报表中包含要素的差异；Jaccard 相似系数可以同时使用动态（随着时间的推移，正式趋同的进展）和静态反映趋同效果。因此，Jaccard 相似系数适用于分析不同国家、不同时间、不同规则的趋同程度。此外，使用 Jaccard 相似系数不仅能够在特定时期比较趋同效果，还可以在不同时期对趋同效果进行纵向比较。在比较不同国家之间以及不同国家与国际组织之间会计准则相似性程度时，许多研究都使用了相似性系数分析方法，如 Cîrstea S. 和 Cîrstea A. （2015）、Ding 等（2007）、Garrido 等（2002）、Weetman 等（1999）、Rahman 等（1996）和 Lainez 等（1996）。Fontes 等（2005）分析了三种计量趋同的方法，结果显示，相似系数的方法比欧式距离（Euclidian Distances）的方法要好，因为欧式距离只能显示两者之间的差距，不能反映两个项目之间的相似或不同之处。

欧式距离主要适用于计算序数或区间变量。Jones （2007）认为，Jaccard 相似系数可以计量两套准则的相似性，而使用欧氏距离计量相似性生成的仅是数量绝对值，而在定性方面是不敏感的，在理论上也是不容易被解释的。因此，本节选择 Jaccard 相似系数方法对相似性进行定量分析，具有一定的参考价值。为了使研究结果更加可靠，本节还使用了 Rogers and Tanimoto 相似系数公式和 Sokal and Sneath 相似系数公式进行了验证。

Jaccard 相似系数公式

$$S_{ij}=\frac{a}{(a+b+c)} \tag{1}$$

$$D_{ij}=\frac{(b+c)}{(a+b+c)} \tag{2}$$

Rogers and Tanimoto 相似系数公式

$$RT=\frac{(a+d)}{(a+2\times b+2\times c+d)} \tag{3}$$

Sokal and Sneath 相似系数公式

$$SS=\frac{2(a+d)}{2a+b+c+2d} \tag{4}$$

其中，S_{ij}表示 ij 之间的相似程度。

D_{ij}表示 ij 之间的差异程度。

RT 表示 Rogers and Tanimoto 相似系数。

SS 表示 Sokal and Sneath 相似系数。

ij 中都包含的元素，用 1 表示；a 表示即元素同时是 1 的个数。

i 包含该元素，即用 1 表示；j 中没有包含该元素，即用 0 表示；b 代表 i 为 1，j 为 0 的个数。

i 没有包含该元素，即用 0 表示。在 j 包含该元素，即用 1 表示；c 代表 i 为 0，j 为 1 的个数。

（二）研究设计

在相似性分析中，本节找出 IPSAS35 与 IFRS10 中的 5 个组成元素：准则目标、准则应用范围、定义/术语、合并基准（权力、收益）、会计核算要求。本节找出两套准则组成元素的子元素进行比较，即每个元素的并集，其中准则目标包含 3 个子元素，IPSAS35 与 IFRS10 都包含完全相同的子元素。准则应用范围包含 10 个子元素，其中 7 个子元素相同，3 个子元素不同。定义/术语包含 17 个子元素，8 个相同子元素，9 个不同子元素。合并基准（权力、收益）包含 16 个子元素，10 个相同子元素，6 个不同子元素。会计核算要求包含 12 个子元素，10 个相同子元素，2 个不同子元素。本节使用 0、1 二进制进行编码，对每个对应元素以及子元素进行比较，当发现它时，将其值赋为 1；没有发现的，将其值赋为 0。因此，每个子元素的赋值都是在比较的基础上获取的。表 5-2 至表 5-5 分别列举了 IPSAS35 和 AASB10 包含的准则目标和应用范围、定义/术语、合并基准（权力、收益）、会计核算要求等元素的子元素比较信息。

表 5-2　IPSAS35 与 AASB10 中目标、应用范围包含的子元素比较

元素	子元素	比较准则	
		IPSAS35	AASB10
目标	准则目标是编制合并财务报表	1	1
	实现目标的方法相同	1	1
	不解决公共部门重组以及重组中出现的商誉等会计问题	1	1
应用范围	权责发生制会计基础	1	1
	实体本身提供的会计信息能满足用户需求，不需要编制合并财务报表	1	1
	实体债务或权益工具没有公开交易市场，不需要编制合并财务报表	1	1
	报表主要应用于监管机构（不需要编制合并财务报表）	1	1
	合并财务报表编制以 IPSAS35 为基础	1	0
	合并财务报表编制以 AASB10 为基础	0	1
	退休福利计划（不适用该准则）	1	1
	受控实体盈余或赤字通过公允价值衡量，不需要编制合并财务报表	1	1
	适用于国有企业编制自身合并财务报表	0	1
	适用于所有公共部门及组织	1	1

表 5-3　IPSAS35 与 AASB10 中定义/术语包含的子元素比较

元素	子元素	比较准则	
		IPSAS35	AASB10
定义/术语	利益	1	0
	绑定安排	1	0
	合并财务报表	1	1
	控制	1	1
	控制实体	1	0
	受控实体	1	0
	合并整体	0	1
	母公司	0	1
	子公司	0	1
	决策制定	1	1

续表

元素	子元素	比较准则	
		IPSAS35	AASB10
定义/术语	经济实体	1	0
	投资实体	1	1
	非控制权益	1	1
	权力	1	1
	保护性权利	1	1
	相关活动	1	0
	移除权力	1	1

表 5-4　IPSAS35 与 AASB10 中合并基准包含的子元素比较

元素	子元素	比较准则	
		IPSAS35	AASB10
合并基准（权力、收益）	控制评估	1	1
	受托责任（问责）	0	0
	多数投票控制权	1	1
	契约授予决策制定权	1	1
	批准或否决运营和资本预算的能力	1	1
	聘任、解雇主要管理人员的权力	1	1
	监管受控实体的财务与运营政策	1	1
	法规控制	1	0
	经济依赖性	1	0
	单方面解散机构的权力	1	1
	制定受控实体未来目标	1	0
	具有决定委托人或代理人的权力	1	1
	有权从受控实体获取财务收益	1	1
	有权影响从受控实体获取收益的性质或数量	1	0
	处置资产、承担债务	1	1
	享有非财务收益	1	0

表 5-5　IPSAS35 与 AASB10 中会计核算要求包含的子元素比较

元素	子元素	比较准则	
		IPSAS35	AASB10
会计核算要求	使用统一会计政策	1	1
	受控实体的合并开始或结束时间	1	1
	合并过程	1	1
	合并报表中资产、负债确认时间	1	1
	合并报表中折旧费用确认方式	1	1
	潜在投票权	1	1
	控制实体、受控实体在同一报告期间	1	1
	非控制股东权益在合并财务报表中单独反映	1	0
	控制实体对受控实体利益变化，并不失去控制权，这是所有者之间交易导致	1	0
	盈余或赤字应在控制实体所有者和少数股东之间分配	1	1
	累计优先股被少数股东持有，应作为股权工具；在调整股利后，再计算盈余或亏损	1	1
	非控股股东权益所占比例的变化规定	1	1

（三）结果分析

为比较 IPSAS35 与 AASB10 之间的相似性，本节使用 Jaccard 相似系数、Rogers and Tanimoto 相似系数、Sokal and Sneath 相似系数计算两个准则中每个元素相似性系数。每个元素具体的相似性数值如表 5-6 所示。

表 5-6　IPSAS35 与 AASB10 元素相似系数一览

比较元素	Jaccard 相似系数		Rogers and Tanimoto 相似系数	Sokal and Sneath 相似系数
	S_{ij}	D_{ij}		
目标	1.000	0	1.000	1.000
应用范围	0.700	0.300	0.538	0.824
定义/术语	0.471	0.529	0.308	0.640
合并基准	0.667	0.333	0.524	0.815
会计核算要求	0.833	0.167	0.714	0.909

从表 5-6 可以发现 IPSAS35 和 AASB10 在准则目标方面，包含有完全相同的子元素，Jaccard、Rogers and Tanimoto、Sokal and Sneath 三个相似系数都是 1.000，即两者完全相同。准则应用范围方面，Jaccard 相似系数为

0.700，而差别系数为0.300，Rogers and Tanimoto 相似系数为0.538，Sokal and Sneath 相似系数为0.824，两者之间相似性仍超过了50%。定义/术语方面，Jaccard 相似系数为 0.471，而差别系数为 0.529，Rogers and Tanimoto 相似系数为 0.308，Sokal and Sneath 相似系数为 0.640，因此，IPSAS35 和 AASB10 在定义/术语方面相似性不高。合并基准（权力、收益）方面，Jaccard 相似系数为 0.667，而差别系数为 0.333，Rogers and Tanimoto 相似系数为 0.524，Sokal and Sneath 相似系数为 0.815，说明 IPSAS35 和 AASB10 在合并基准（权力、收益）方面具有较高的相似性。会计核算要求方面，Jaccard 相似系数为 0.833，而差别系数为 0.167，Rogers and Tanimoto 相似系数为 0.714，Sokal and Sneath 相似系数为 0.909，AASB10 和 IPSAS35 在会计核算要求方面相似性程度高。从整体上使用 Jaccard 相似系数、Rogers and Tanimoto 相似系数、Sokal and Sneath 相似系数分析 IPSAS35 和 AASB10、IPSAS35 与 IFRS10 相似系数，结果如表 5-7 和图 5-1 所示。

表 5-7 IPSAS35 与 AASB10、IPSAS35 与 IFRS10 相似性系数

准则比较	Jaccard 相似系数		Rogers and Tanimoto 相似系数	Sokal and Sneath 相似系数
	S_{ij}	D_{ij}		
AASB10 vs IPSAS35	0.684	0.316	0.526	0.816
IPSAS35 vs IFRS10	0.575	0.425	0.500	0.725

注：IPSAS35 vs IFRS10 相似性系数主要借用了 Andreea Cîrstea（2016）的研究结果。

从表 5-7 中可以得出 IPSAS35 与 AASB10 两个准则整体相似性系数的具体数值：Jaccard 相似系数为0.684，差别系数为0.316；Rogers and Tanimoto 相似系数为 0.526，Sokal and Sneath 相似系数为 0.816，因此，IPSAS35 与 AASB10 两个准则之间的相似程度比较高。而 Cîrstea 等（2017）研究了 IPSAS35 与 IFRS10 相似性系数的具体数值：Jaccard 相似系数为0.575，差别系数为 0.425；Rogers and Tanimoto 相似系数为 0.500，Sokal and Sneath 相似系数为0.725，因此，IPSAS35 与 IFRS10 两个准则之间的相似性程度高。同时本节对 IPSAS35 与 AASB10、IPSAS35 与 IFRS10 两者之间相似系数进行比较，结果显示 Jaccard 相似系数、Rogers and Tanimoto 相似系数、Sokal and Sneath 相似系数差别较小，如图 5-1 所示。从图 5-1 可以看出 IPSAS35 与 AASB10、IPSAS35 与 IFRS10 相似系数都超过 0.5；同时，两条相似线基本一样，并十分接近。由此可知，AASB10、IPSAS35、IFRS10 三套合并准则的趋同程度十分高，这主要是因为 AASB10 和 IPSAS35 的制定基础都是 IFRS10。因此，公共部门合并准则与私营部门合并准则保持着高度的趋同与相似。

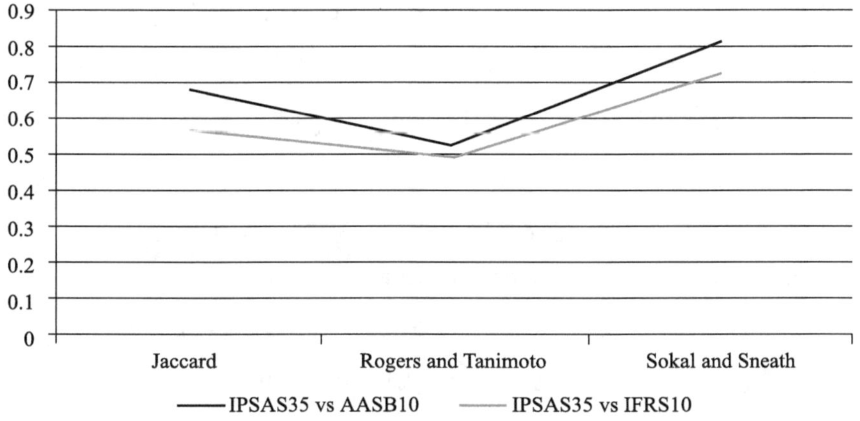

图 5-1　IPSAS35 vs AASB10、IPSAS35 vs IFRS10 相似性系数

第二节　对我国政府合并财务报表准则的启示

会计准则是财务报告质量的决定性因素（Ding et al.，2007）。政府会计合并准则作为政府合并财务报表编制的依据和标尺，对编制高质量政府合并财务报表具有十分重要的作用。当前，我国编制政府合并财务报表主要依据《编制操作指南（试行）》的相关规定开展，目前还没有政府合并财务报表准则来规范财务报表合并工作，这与我国 2018 年全面铺开政府财务报告编制工作和 2020 年建成具有中国特色的政府会计准则体系阶段性目标不相适应。因此，制定和出台政府合并财务报表准则已成为当前我国政府会计改革的首要任务。本节从理论和实务操作两个方面对我国政府合并财务报表准则的制定进行探讨分析。

一、制定原则

合并财务报表最早由企业编制，且企业会计理论框架和准则在实践中日益完善。从国际经验看，先行国家的政府合并财务报表准则主要是借鉴企业合并财务报表的准则制定和执行经验，并保持国际间趋同。因此，我国政府合并财务报表准则的制定原则可以借鉴这一经验模式。此外，我国政府会计改革和政府合并财务报表试编工作也为政府财务报表合并准则的制定夯实了基础。基于此，本节将从国际趋同、借鉴企业经验、应用政府会计改革成果三个方面探讨我国政府合并财务报表准则的制定原则。

（一）要积极推进政府合并财务报表准则国际趋同

从国际经验看，几乎所有准则制定机构都认为会计准则趋同能够在更高层次上做到可比性，提高透明度、强化问责制，这主要是因为共同的会计准则更容易让专业人士和审计师理解（Ball，2012）。澳大利亚借鉴IPSAS的框架与内容，建成了本国公共部门会计准则体系，并保持合并准则（AASB10）与国际公共部门合并准则（IPSAS35）高度相似。加拿大、英国、新西兰、瑞典、美国、澳大利亚6个国家政府都制定了本国的政府合并财务报表准则，尽管这些国家的政府合并财务报表准则在界定合并范围的标准方面存在差异，但衡量合并标准的指标是非常相似的。此外，IPSASB目标是致力于制定一套国际公共部门会计准则，改善世界各国政府及公共部门财务报告的质量、一致性与透明度。IPSAS作为世界各国公共部门会计发展的方向（Grossi and Soverchia，2011）和国际会计文化，在公共部门国际会计趋同方面起着十分重要的作用。许多国家政府会计准则保持与IPSAS趋同，如新西兰直接使用IPSAS6编制本国政府合并财务报表。Benito等（2007）认为，IPSAS可以作为一个起点，各个国家在不久的将来向IPSAS协调或趋同，可能是实现公共部门会计国际趋同最有可能的方法路径。

在经济全球化、国家治理网络化的背景下，政府会计作为国际话语权体系建设的一种政治语言，在全球范围内逐步实现趋同。中国政府合并财务报表准则保持国际上趋同，将有利于中国与其他国家之间财务状况、运营绩效的比较，有利于提升政府财政透明度，满足各有关方面对政府财务状况信息的需求，有助于政府及其相关部门决策制定和解除受托责任。政府会计准则趋同能够使国际公共部门财务账户之间的比较更容易、更快、成本更低。会计信息的可比性与可理解性是促进政府合并财务报表准则趋同的基石。此外，政府会计准则趋同之路，也可以作为公共部门会计改革的推动力。Rossi 等（2016）认为，政府合并财务报表准则的趋同有利于一个国家甚至整个欧盟成员国的政府合并财务报表的编制。因此，我国政府合并财务报表准则与国际接轨已成为准则制定机构考虑的首要问题。

（二）借鉴企业合并财务报表准则的制定与执行经验

当前，企业会计准则已全球化，其中，IFRS 和美国一般公认会计原则（GAAP）已在上市公司中占有主导地位。众所周知，欧盟委员会要求在所有欧盟成员国上市公司中使用 IAS/IFRS。在世界范围内，企业会计准则国际趋同与战略协调一致，影响了整个公共部门的重组过程。在许多国家政府部门，会计准则制定越来越受到本国企业会计和 IFRS 的影响。

从国际实践看，政府合并财务报表准则制定的指导思想是把企业合并财务报表准则的理念、原则与方法引入政府会计合并准则中。加拿大、瑞典参照本国企业合并财务准则，制定本国政府合并财务报表准则。英国、澳大利亚、新西兰等合并财务报表准则主要借鉴 IFRS，并同时适用于本国公共部门和私营部门。国际公共部门合并准则（IPSAS6）的制定借鉴国际会计准则（IAS27）；2015 年，国际公共部门会计准则理事会（IPSASB）发布新的公共部门合并准则（IPSAS35），其制定的基础仍是 IFRS10，因此 IPSAS35 与 IFRS10 这两个准则之间保持着高度的相似性。政府合并财务报表准则参照私营部门合并财务报表，缩小了两个部门之间的差距，架起了它们之间的桥梁。然而，私营部门和公共部门自身都具有一些独有的特征：不同目的、资金来源、领导风格、所有权、利益相关者和治理结构等。比如企业的目标是实现企业价值最大化，但这对政府以及公共部门来说是毫无意义的；政府与公共部门的主旨是试图实现社会运营目标，满足社会需求，实现社会福利。这些都会导致政府合并财务报表准则与企业会计合并准则在合并理念、合并原则、合并方法上存在差异，因此参照企业会计合并准则制定政府合并财务报表准则要慎重。在我国，企业合并财务报表的理论框架和准则在实践的过程中逐步趋于完善，因此，我国制定政府合并财务报表准则可以参考企业会计合并准则的理念、基本原则和内容，并根据政府（部门）合并主体性质、业务边界、活动范围、资金来源等方面加以改进。但借鉴企业会计合并准则的制定及执行经验，非但不应弱化公共部门特性对政府合并会计准则的影响，而应加强。

（三）应用我国政府会计改革成果

自党的十八届三中全会提出建立权责发生制政府综合财务报告制度以来，我国政府会计改革步伐明显加快。政府会计制度建设取得了一定成果，政府综合财务报告试编积累了大量经验，这为我国政府合并财务报表准则的出台夯实了基础。

在政府会计制度建设方面，新修订的《预算法》（2014 年）从法律层面对编制权责发生制政府综合财务报告进行规范和保障。国务院批转财政部《权责发生制政府综合财务报告制度改革方案》（国发〔2014〕63 号），确定了推进政府会计改革的时间表和路线图。新修订的《会计法》（2017 年）第八条规定国家实行统一的会计制度，为推进政府综合财务报告制度建设奠定了坚实的制度基础。《政府会计制度——行政事业单位会计科目和报表》（2017 年），减少了不同性质单位之间的数据转换和调整，增强了报告信息的真实性和准确性，提升了编报效率。2015 年财政部印发的《政府财务报告编制办法（试行）》《政府综合财务报告编制操作指南（试行）》《政府部门财务报告编制操作指南（试行）》三项制度，规范了权责发生制政府综合财务报告制度改革试点期间的政府财务报告编制工作。2018 年 3 月，财政部结合 2017 年政府财务报告编制试点情况，修订了《政府综合财务报告编制操作指南（试行）》，进一步推进了权责发生制政府综合财务报告制度改革，规范了改革试点期间政府综合财务报告编制工作。《政府会计准则——基本准则》（2015）对政府会计目标、基本假设、信息质量特征、会计要素及其确认与计量、财务报告等基本理论问题进行规范，夯实了政府财务报告编制的基础，为制定政府会计具体准则提供了依据。从我国已进行的政府会计改革看，政府会计制度建设正在完善，政府会计制度环境不断优化与改进，这为制定政府合并财务报表准则提供了初步而较优越的基础制度条件，制定政府合并财务报表准则的时机日益成熟。

在政府财务报告编制实践方面：自 2011 年财政部组织北京、天津、江苏等全国 11 个省份试编政府综合财务报告以来，试编工作蹄疾步稳推进、范围逐年扩大；2013 年，试编工作推广至全国所有省份的省本级；2014 年，部分市县在自愿的基础上参加了试编；2017 年，政府综合财务报告试编工作转为试点工作，国土资源部、国家林业局两个中央部门以及山西、黑龙江、上海、浙江、广东、海南和重庆 7 个地区开始试点编制 2016 年政府综合/部门财务报告；2018 年，编制试点工作扩大到 20 个中央部门和 20 个省市；2019 年，试点范围进一步扩大到 40 个中央部门和 36 个地方，并选择 12 个地方试点编制上下级合并的行政区政府综合财务报告；2020 年，全国各地县级以上财政部门组织本级部门（单位）编制 2019 年度政府部门财务报告，在组织编制政府部门财务报告的基础上，编制本级政府 2019 年度政府综合财务报告。在试编过程中，编制单位结合自身实际，依据修订的《编制操作指南（试行）》编制政府综合财务报告，在政府合并财务报表的合并范围界定、合并方法选择、内部业务抵销等实务操作方面，进行探索性实践，积累了丰富经验，同时也发现指南中尚未规定或尚未明确的抵销和调整事项。针对这些问题，财政部在深入研究的基础上及时修订、发布新的编制指南，不断完善编制工作。从以上可以看出，试编工作是在遵循“实践—总结—再实践”的原则中稳步推进的。由此，制定政府合并财务报表准则可以依据试编结果，从合并主体范围、合并程序、内部事项抵销等方面进行研究。

二、准则重要内容

（一）合并范围

界定合并范围就是从整体层面解决合并主体应该合并哪些实体的问

题，这也是政府合并财务报表准则需要解决的问题。

我国政府分为中央、省、市、县、乡五个一级政府，每一级政府都由相应的主管部门组成，主管部门又均有所属的行政事业单位。一级政府、主管部门、行政事业单位之间有明确的财政缴拨款关系和行政隶属关系。而一级政府与下级政府之间是行政隶属关系。财政缴拨款关系依据财政资金的流向，反映了财政资金的运作情况，体现了“受托责任”概念。行政隶属关系体现为“控制”概念。对于一级政府本级合并范围，政府合并财务报表准则应按照财政缴拨款关系和行政隶属关系两个标准界定合并范围，即同时满足两个标准的实体才能纳入合并范围。按照这一标准，一级政府及其所有行政单位、全额拨款和差额拨款事业单位都应纳入政府财务报表合并范围，自收自支和企业化管理事业单位应该排除在政府财务报表合并范围之外。对于下级政府，政府合并财务报表准则应以行政隶属关系作为合并标准。

（二）合并程序

政府合并财务报表是通过层层合并、汇总的方式生成，其合并分为一级政府本级合并、跨政府级次合并两个层次。

一级政府本级合并是一级政府对所属各主管部门、主管部门所属行政事业单位进行合并，合并采用了“自下而上”的模式。依照财政缴拨款关系和行政隶属关系，首先，各单位编制本单位财务报告并报送上级单位；上级单位除编制本单位财务报告外，还要对所属单位财务报表进行合并，形成合并财务报告。主管部门编制的合并财务报告，即部门财务报告。其次，财政部门合并汇总本级政府的各主管部门合并财务报表、财政总预算会计报表、农业综合开发资金会计报表、物资储备资金会计报表、土地储备资金会计报表，生成一级政府本级合并财务报表。一级政府本级合并过程不涉及下级政府，合并财务报表数据只涉及预算管理范围内的各部门会计数据。因此一级政府本级合并报表仅反映一级政府使用预算资金的情况。

跨政府级次合并是以行政隶属关系为基准，一级政府对下级政府进行合并。在这一合并过程中，将下级政府部门视同本级政府的部门，对本级政府会计报表与下级政府会计报表数据进行合并汇总。最终，政府合并财务报表由一级政府本级合并财务报表、下级政府合并财务报表合并而成。

（三）抵销事项

内部业务抵销是政府合并财务报表编制的关键环节。抵销内部业务事项，防止资产、负债、收入、费用的重复计算是政府合并财务报表编制过程中的核心工作。依据政府合并财务报表合并程序，政府合并财务报表准则应从以下两个层面对内部业务抵销进行规定。

一是在一级政府本级合并报表生成过程中梳理、识别、抵销合并主体间的内部业务事项。抵销的业务事项主要涉及三类：其一是政府部门之间发生的债权债务事项、收入费用事项等；其二是财政与部门之间财政资金拨付、业务往来形成的债权与债务，收入和支出等，如财政总预算的“一般公共预算本级支出”“政府性基金预算本级支出”与政府部门的“财政拨款收入”之间的抵销关系；其三是财政内部之间发生的经济业务或事项，如不同预算类型资金之间的“调入资金”和“调出资金”之间的抵销关系。

二是跨政府级次业务抵销。抵销的业务事项主要有三类：其一是不同政府财政之间发生的经济业务或事项，如上下级政府财政之间发生的往来事项、转移性收支、地方政府债券转贷款等；其二是政府部门与非同级政府财政之间发生的经济业务或事项，如政府部门来自非同级财政的拨款；其三是非同级政府部门之间发生的经济业务或事项，如债权债务、收入费用等。

（四）其他方面事项

政府合并财务报表准则应规定政府合并财务报表的组成要素。政府合并财务报表至少要包括资产负债表、收入费用表和附注。资产负债表应当按照资产、负债和净资产分类列示，以反映政府整体年末财务状况。收入费用表应当按照收入、费用和盈余分类分项列示，以反映政府整体年度运行情况。附注应当重点对会计报表做进一步解释说明。在政府综合财务报告编制初期，还应编制当期盈余与预算结余差异表，反映政府整体权责发生制基础当期盈余与现行会计制度下当期预算结余之间的差异。此外，在合并汇总方面，政府合并财务报表准则有关实务操作的规定要体现一致性、相关性、重要性、可比性等原则。

三、凸显中国特色

由于公共部门自身的特点以及各国家国情的差异，导致先行国家政府财务报表合并准则之间存在差异。因此，中国政府合并财务报表准则不仅要借鉴企业的经验模式、满足国际接轨需求，而且要结合公共部门的特点，符合中国国情、凸显中国特色。

（一）政府合并财务报表准则应当充分体现公共部门的特点，充分服务并适应于公共部门

公共部门获取资源是为了提供公共服务而不是获取利润。因而，公共部门的目标（环境治理、就业、教育、医疗等）具有公益性、长期性；同时，公共部门还具有绩效计量的模糊性与复杂性，资金来源的专有性，预算的重要性，运营环境缺少市场控制机制等独有特征。这些特征决定了政府合并财务报表工作与企业合并财务报表工作相比更为复杂：不仅需要满足更多方利益相关者的多样化诉求，还要考虑公共部门的特点。Grossi 和 Tagesson（2008）认为，公共部门与私营部门在以下方面存在差异：组织目标、资金来源、所有权、会计信息的用户等，这些差异影响了合并财务报表的合并范围与合并方法。一些国际组织在编制公共部门合并财务报表和制定会计准则时都会考虑公共部门的特性：如欧盟公共部门在合并财务报表时，采用了传统公共预算和企业报表合并相折中的方法对合并主体范围进行界定；IPSASB 在制定公共部门会计概念框架时，不仅借鉴了 IASB 的最新成果，还考虑了公共部门的特点（张娟，2010）。

在我国，《政府会计准则——基本准则》相当于政府会计的概念框架，是政府合并财务报表准则制定的依据。因此，基本准则中的规定要在政府合并财务报表准则中得以体现。《政府会计准则——基本准则》规定财务报告的目标是反映政府会计主体公共受托责任的履行情况，有助于财务报

告使用者作出决策或者进行监督和管理。这就要求政府合并财务报表准则应充分反映公共部门的特点，在实务处理上，合并财务报表应是政府公共职能部门活动的结果。

（二）政府合并财务报表准则要凸显中国特色

在我国，国有企业是国民经济发展的中坚力量，是公共部门重要的组成部分，这是我国的基本国情，也是中国公共部门的特色。

我国的国有企业与西方国家的国有企业存在着明显差异。西方国家大多数企业都是以盈利为目的的私营企业，国有企业（公营企业）的数量不多，规模也相对较小，且主要分布在无利或者微利的非经营性领域，通常按照成本价甚至低于成本的价格向公民出售公共物品，一般可将其视为政府的一个组成单位。而我国则不同，我国国有企业的分布领域较广，数量较多，作用比重较大，业务复杂多样，按照"所有权和经营权分离，自主经营、自负盈亏"原则，除了少数国有企业提供公共服务和产品以外，大多数国有企业的职能主要是实现国有资产的保值增值。因此，我国政府合并财务报表准则在规定国有企业的具体合并事项时不能照搬西方国家模式，而是要结合并适应中国国情，提高报表合并的科学性。

在我国政府综合财务报告的前期试编阶段，对不同类型国有企业的合并使用了不同的方法。比如，地方政府融资平台公司主要由政府出资成立，承担市政基础设施建设及公用事业，政府对其债务负有兜底责任，采用了完全合并法合并；对于不直接提供公共产品和服务的国有企业，参照"长期股权投资"项目，仅合并国有权益。在试编过程中，如何对国有企业进行准确分类已成为实践中的难点。随着我国政府会计改革的深入推进，一旦编制政府合并财务报表各项条件成熟，国有企业并入合并报表可以采用完全权益法，既要摊销投资的公允价值与账面价值之间的差额，还要扣除内部交易形成的未实现损益，依照所持国有股的权益比例，逐项将国有企业资产、负债、收入、费用并入政府合并财务报表，做到资产与负债、收入与费用的配比。此外，对于混合所有制中的政府资产，符合共同控制标准的，可以采用比例法或权益法合并，符合重大影响标准的可以采用权益法合并。

四、可操作性强

政府合并财务报表是在部门合并财务报表、下级政府合并财务报表等基础上合并生成的，属于多层的合并，合并涉及的业务跨度大、范围广且关系错综复杂。因此，制定出台的政府合并财务报表准则还要着眼于提高政府合并财务报表编制的准确性与可操作性。

政府合并财务报表依照政府合并财务报表准则编制。首先，政府合并财务报表准则能够提高会计实务处理能力，简化操作难度，进而为合并报表的编制打下坚实的基础。其次，政府合并财务报表准则要对政府业务是否合并、如何合并有清晰的判断标准，并选择易于实践的操作方法。比如，政府合并财务报表的范围一方面可以借鉴企业合并范围的界定模式，从数量、质量两方面进行判定，在数量标准与质量标准两方面条件下，质量标准才是政府实体控制另一个实体的根本，而数量标准只是其控制另一个实体的一种具体表现；另一方面要考虑政府合并财务报表中的实质原则。最后，暂未纳入合并范围的特殊实体，可以在准则应用指南中作单独的规定，进而提高政府合并报表编制的科学性和可操作性。

从国际经验看，会计准则制定要广泛地征求各方意见。如美国、IPSASB 的每一项准则从确定议题到正式定稿的工作都是公开进行的，广泛征求了多方意见。在我国，政府合并财务报表准则作为合并财务报表编制的依据和标尺，是报表合并会计处理最高层次的规范，其制定应广泛征求各方面的意见，特别是一线合并财务报表编制人员的意见，使其真正具有权威性、指导性与可操作性。

本章小结

从全球视角看，公共部门的会计准则趋同变得十分重要。首先，通过本章对先行国家政府合并财务报表准则的分析可以看出趋同是国际发展趋势。美国、加拿大、瑞典等先行国家的政府合并财务报表准则与本国企业合并会计准则保持了趋同，IPSAS35 与 IFRS10 保持了趋同，甚至部分国家直接采用 IPSAS 作为本国政府会计准则。其次，通过定量方法深入分析了澳大利亚 AASB10 与 IPSAS35 的相似性，结果显示，两个合并准则之间存在很高相似性。两个准则相似性很高的原因是 AASB10 与 IPSAS35 的制定基础都是 IFRS10，同时，也证实了政府合并财务报表准则与企业会计合并准则的趋同。

在此基础上，本章对我国政府合并财务报表准则的制定进行探讨分析。我国政府合并财务报表准则要保持国际趋同、借鉴企业合并财务报表准则的制定与执行经验、应用我国政府会计改革成果。同时，政府合并财务报表准则要在合并范围、合并程序、抵销事项、合并原则及报表构成等方面作出适合我国国情的具体规定，并凸显中国特色。此外，在处理实务时，我国政府合并财务报表准则要易于操作。

第六章　政府合并财务报表编制的影响因素及效应分析

本章首先探讨影响政府合并财务报表编制的各种因素，并对编制政府合并财务报表所能带来的效益进行分析。在此基础上，通过问卷调查方式向参与政府合并财务报表编制的一线人员收集工作过程中遇到的问题和影响因素，以及编制政府合并财务报表所能产生的效益，并从定量的角度进行经验验证，旨在为我国将要全面开展的政府合并财务报表编制工作提供思路与建议。

第一节　政府合并财务报表编制的影响因素

自 2011 年起，我国开始政府综合财务报告试编工作；截至 2017 年底，已历时 7 年，但政府财务报告编制工作仍处于试编阶段。依据《国务院关于批转财政部权责发生制政府综合财务报告制度改革方案的通知》（国发〔2014〕63 号）文件的要求，我国将在 2018—2020 年，全面铺开政府综合财务报告的编制工作。从编制的情况看，政府综合财务报告编制工作的开展在我国地方政府及其部门中所占比例并不高，已试编政府合并财务报表的各级财政部门以及相关部门大都在自愿的基础上开始编制。此外，已编制的政府（部门）把政府财务报告视为机密，并没有对外公布，外界很难了解编制的细节，试编过程中遇到的问题与难题也无法被全面及时地反馈。学术界大多从理论视角和先行国家的经验等方面进行论证，为我国政府合并财务报表的编制工作提供理论支撑，但与编制实践相结合，系统、深入地分析我国政府合并财务报表的研究比较稀少，更缺少定量方面的经验研究。

政府（部门）中究竟存在哪些阻碍政府合并财务报表编制的因素，又是哪些因素刺激了政府（部门）主动开始编制政府合并财务报表，政府（部门）编制政府合并财务报表能够获取哪些效益，等等。这些都是学术界和实务界都十分关心的话题和亟待解决的问题。因此，在梳理 2011—2017 年我国省市县（区）财政部门的一线编制人员发表的，与政府合并财务报表编制相关文献的基础上，本节从障碍和刺激等方面对影响政府合并财务报表编制的因素进行分析，与此同时，分析编制政府合并财务报表所能带来的效益。

一、障碍

当前，我国政府（部门）合并财务报表试编过程中遇到的困难与障碍主要集中在以下方面：怎样获取真实、完整、可靠的资产与负债会计数据；各个被合并主体的会计核算基础存在差异，数据统计口径不一致，内部交易的抵销与合并难；缺少与政府合并财务报表编制相适应的信息技术与专业人才等。

首先，政府的资产与负债通过合适方式进行权责发生制的会计确认、计量是提高政府财务报告会计信息质量的前提；同时，在国际上，也是先行国家编制政府合并财务报表首要解决的问题。Bergmann 和 Bietenhader（2009）认为，政府合并财务报表的编制国家都存在获取合并所需的会计历史数据和文档的困难。由于历史原因，我国政府资产存在权属不清、账实不符、账外资产等现象，例如，公共基础设施的数据采集难度大、初始计价入账难，“谁管理、谁反映”的原则并没有很好地执行。在负债方面，政府债务种类繁多，如融资平台的债务（间接负债）、政府发行的债券、单位发行的内债、隐性负债、或有负债等，反映不全面（杜思璇，2014；张勇，2016）。此外，与企业相比，政府的资产与负债无论是在性质方面还是规模方面都显得更为庞大和复杂，因此，编制政府合并财务报表要比企业困难得多。

其次，我国行政事业单位的会计核算基础存在差异，会计制度不统一，数据统计口径难以一致，导致了报表之间转换、调整较难。政府合并财务报表是在单个报表基础上合并生成的，然而，单个报表之间数据转换、调整、衔接、抵销关系复杂，给合并工作带来了极大困难。例如，往来款项无法落实到具体相关单位而不能完全抵销（崔彤、张颖，2017）。此外，在编制跨级次政府合并财务报表时，存在《政府综合财务报告编制操作指南（试行）》对部分调整和抵销事项规定不明晰、内部交易事项精准抵销难、政府财务报告系统支撑不到位等难点。

再次，会计人员数量、专业素养及技能，与政府合并财务报表的编制工作不相适应。会计人员数量和专业技术是编制合并财务报表的基础。先行国家的试编经验也证明了这一点。Mcleod 和 Harun（2014）认为，印度尼西亚缺少编制权责发生制政府财务报告的专门财会人才，导致编制财务报告无法实现预期的目标。意大利地方政府最初试编的经验证实，编制政府综合财务报告是一项复杂任务，需要大量财力和人力资本（Grossi，2009）。然而，在我国当前编制合并财务报表过程中，无论是人员数量还是专业水平都与此项工作的要求不相匹配，以致影响了整个合并财务报表的编制。这种"不匹配"更多地表现为专职会计人员数量的匮乏，以及专业水平的参差不齐。此外，由于信息化程度低，且没有与合并工作相适应的信息系统支撑，导致现实中的合并工作基本上依靠手工来进行，工作量大且烦琐，降低了会计人员编制政府合并财务报表的效率（吕长敏，2015；娄洪，2015）。综上所述，信息技术和会计人员素质因素是影响合并财务报表编制的重要因素之一。

最后，政府合并财务报表的评价机制没有完全建立，指标分析利用缺少相应的参照标准。尽管《政府综合财务报告编制操作指南（试行）》中，提供了部分财务分析方法与财务指标，但仍主要机械地借鉴了企业财务分析方法与指标，对公共部门的财务分析显得系统性不足、不够全面。此外，政府合并财务报表的编制是一项烦琐且复杂的技术性工作，需要政府相关部门以及财政部门内部之间协调与配合，但相当多的部门单位对此项工作的认识不够深刻，提供的资料不全面，甚至不准确，导致组织协调难。

二、刺激

首先，政府合并财务报表编制工作是否开展，编制的水平如何，与领导是否重视以及领导的认识深度密切相关。其中，领导重视是开展编制工作的前提和保障，主要包括上级主管部门重视和本单位主要领导重视两个方面。与此同时，政府合并财务报表工作的顺利开展，有赖于领导的认识深度。在政府编制合并财务报表过程中需要如何准确地对资产和负债进行会计计量，需要多大程度地界定部门（单位）行政运转成本，需要考虑披露哪些影响政府财务状况的重大事项，需要如何分析与评价政府财务状况和财政管理状况，是否需要严格遵循政府合并财务报表的意涵开展试编工作等，这些问题取决于单位领导对政府合并财务报表编制理念的认识深度，不同的认识理念会对具体业务的操作边界产生较大的影响，而与编制政府合并财务报表相关法规、准则、制度等法治观念截然不同。因此，若领导重视，政府（部门）就会在自愿的基础上，开始政府合并财务报表的试编工作，同时，领导对政府合并财务报表认知深刻，编制的政府合并财务报表的完整性、合规性就会相对较好，会计信息质量就会相对较高；否则，编制工作难免流于形式（李媛媛，2017；徐宁霞，2017）。

其次，财政部新修订、颁布的一系列政府会计改革相关制度和文件，有力地推动了政府合并财务报表试编工作的进行。2015 年以来，财政部颁布了《政府会计准则——基本准则》以及存货、投资、固定资产、无形资产、公共基础设施、政府储备物资六个政府会计具体准则，其中基本准则、存货、投资、固定资产、无形资产已于 2017 年 1 月 1 日起开始实施；同时，财政部修订了《财政总预算会计制度》，出台了《政府财务报告编制办法（试行）》《政府综合财务报告编制操作指南（试行）》《政府部门财务报告编制操作指南（试行）》三项政府财务报告编制制度，并在 2017 年 10 月发布了《政府会计制度——行政事业单位会计科目和报表》，这些制度有力地推进了我国政府的会计改革，为编制政府（部门）财务报告夯实了制度基础；特别是编制办法和操作指南的实施使政府综合财务报告和部门财务报告的编制真正迈进了操作起步阶段（孙琳，2017）。

再次，加强对财务人员相关专业培训，提高编制人员整体素质是推动政府合并财务报表编制工作深入进行的又一关键因素。当前，行政事业单位要加大业务知识培训，制订一套中长期培训计划，分批、分阶段地对现有政府财务人员加强新政府会计准则、制度、试编办法、编制指南以及相关会计法规等方面的培训，并引导财会人员加强自身学习，借助信息网络和多媒体技术，坚持集中学习和个人自学相结合，业务培训和专题研究相结合，理论学习和业务实践相结合，进而加深他们对业务的领悟，促使政府财务人员不断更新知识、积累经验，优化知识结构，以适应编制政府合并财务报表的岗位需要。此外，地方财政部门可以针对相关编制人员开展专门业务培训，如聘请相关专家举办讲座，到国家会计学院进行专门业务学习等。

最后，地方政府对政府合并财务报表编制工作的发起与鼓励是刺激政府合并财务报表编制工作开展的又一重要影响因素。同时，地方人大、政协的问责与监督，学术界对政府合并财务报表的研究成果，以及试编地区（部门）的示范带动作用，都会刺激其他地区（部门）开展政府合并财务报表试编工作。

三、效益

在我国，完善而有效的权责发生制政府综合财务报告制度是建立现代财政制度、推进国家治理体系和治理能力现代化的基础，是财政管理领域落实全面深化改革“抓铁留痕”的措施之一，具有重要而深远的意义。党的十八届三中全会和《预算法》分别对我国建立权责发生制政府综合财务报告制度、编制政府综合财务报告做了明确的规定。此外，诸多研究证明，编制政府合并财务报表对政府的效用主要表现为以下四个方面。

一是能够全面反映政府财务状况、为政府宏观经济决策提供信息支撑，有效防控债务风险。随着我国经济体制改革的纵深推进，诸多深层次社会矛盾逐步凸显，风险日益复杂，为保证财政收支的长期、健康、可持续性发展，决策制定者在做出决策时，不仅要了解政府当期的财政收支状况，更需要对政府未来的财政收支趋势以及可能会遇到的风险做出预测与判断，而仅反映预算执行情况的决算报告显然已不能满足其需求。政府合并财务报表能够全面、准确地反映政府财务状况，这将有利于决策制定，有效防控债务风险。Chan（2003）认为，编制权责发生制政府综合财务报告是公共治理与政府改革的重要方面之一，有利于全面反映政府财务状况，旨在帮助政府制定决策和运行绩效评价。

二是有利于全面公开政府履责情况，解除政府受托责任。政府信息公开、财政透明度的提高与政府综合财务报告密切相关。政府综合财务报告是实现政府信息公开、财政透明度的基础，政府综合财务报告的制度特征与政府信息公开及财政透明度的本质要求一致，即反映和强化政府的公共受托责任（李建发，2001）。因此，政府合并财务报表能够提升财政透明度，满足各有关方面对政府财务状况信息的需求，促进政府规范管理和有效监督。政府财务报告不仅是财务信息的重要载体，也是政府信息沟通的主要机制之一，更是政府解除受托责任的重要依据（常丽，2008）。Yusuf等（2013）认为，美国部分州与地方政府向社会公众及其他利益相关者提供的简易政府综合财务报告，有利于提高政府透明度、强化问责。

三是能够准确地反映政府成本费用，为政府提供新的绩效考核方法。政府会计目标之一是能够准确地反映政府部门运营成本、各相关业务活动的成本与费用。但是以收付实现制为基础，以现金流入和流出反映政府收入和支出情况的财务报表，并不能提供政府资产负债等财务状况方面的信息，也无法核算出任何一项公共服务的成本，既不利于政府和议会了解政府财政财务状况，也不利于提高政府运行效率。而以权责发生制为会计核算基础编制政府合并财务报表能够客观、全面、准确地核算政府提供公共服务与产品的成本费用，合理评价政府活动的绩效，降低政府运行成本，提升政府公共服务水平，提高政府运行效率。政府合并财务报表能够满足内外部的问责诉求，向外部利益相关者解释政府各个部门的职能，执行权责发生制会计，以及提升内部绩效水平（Newberry，2011；Walker，2011；

Brusca et al. , 2013)。

四是能够全面准确地反映政府资产负债状况，摸清政府“家底”，推动政府资产负债管理水平迈上新台阶。当前，我国在政府资产管理、债务管理、成本管控等公共财务管理领域的表现不尽如人意，低效的政府会计和财务报告制度可能要为此承担部分责任。国务院 2014 年 9 月 21 日印发的《国务院关于加强地方政府性债务管理的意见》规定，“加快建立权责发生制的政府综合财务报告制度，全面反映政府的资产负债情况”。李建发等（2017）通过问卷调查研究发现，80%左右的行政事业单位财务人员认为实施权责发生制政府会计准则产生的权责发生制政府财务信息有助于财务管理、资产管理、成本管理、负债管理等决策。此外，澳大利亚、新西兰等西方国家政府会计改革有利于加强政府资产管理、控制行政成本、促进运行效率提高、防范财政风险，这些国家改革的成果与经验值得借鉴。此外，在编制政府合并财务报表的过程中可以培养一批既熟悉财政财务管理又通晓政府财务会计的人才，为政府财政管理水平的提升奠定坚实的基础。

第二节　政府合并财务报表编制的效应分析

基于上一节对政府合并财务报表编制的影响因素及所能带来效益的分析，本节采用最新的调查数据，运用结构方程模型，对政府合并财务报表编制的综合因素进行结构测量，并测度各因素对编制政府合并财务报表传导的机理及内在结构，在此基础上，测量政府合并财务报表的编制获取的效益，为中国将要全面铺开的政府合并财务报表编制工作提供决策参考。

一、研究假设

结合现有文献以及上一节对政府合并财务报表编制的影响因素及效益的分析，本节提出如下三个研究命题：

P1：感知到的障碍因素对政府合并财务报表编制有负向的影响。

P2：感知到的刺激因素对政府合并财务报表编制有正向的影响。

P3：政府合并财务报表的编制能够有助于政府获取效益。

基于以上三个研究命题，本章构建了结构方程模型，如图 6-1 所示。模型设计主要包括两个方面：一是观测变量与潜变量之间的关系，即建立测量模型，界定潜变量与观测变量之间的关系；二是潜变量与显变量之间的关系，即建立结构模型，界定潜变量与显变量之间的关系。下面的结构方程模型中共包括 28 个观测变量，表 6-1 对相应指标进行了具体描述；模型中有 3 个潜变量，包括编制政府合并财务报表的障碍因素、刺激因素及政府合并财务报表编制获取的效益；模型中有 1 个显变量，即政府（部门）是否编制政府合并财务报表。基于以上考虑，表 6-1 对各个变量进行了描述。

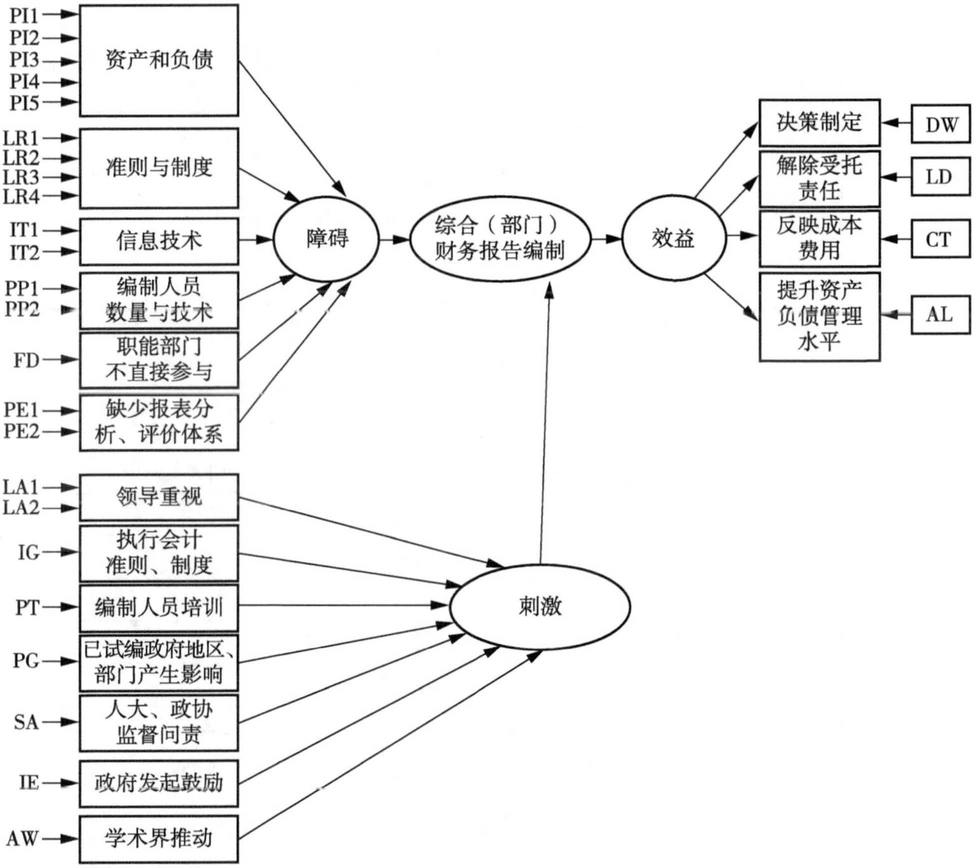

图 6-1　结构方程模型

表 6-1 测量指标体系

潜变量	代码	问卷问题
障碍	PI1	公共基础设施统计薄弱，会计核算不规范
	PI2	大量隐性债务的存在
	PI3	地方政府债券债务种类繁多
	PI4	内部债权债务数额大，抵销操作难度大
	PI5	第一次转化权责发生制进行确认计量
	LR1	决算报表体系口径不统一
	LR2	部分固定资产的确认存在困难，“谁管理、谁反映”标尺执行混乱
	LR3	不同性质的公益部门是否合并
	LR4	对不同性质的公共部门及混合所有权的资产
	IT1	无统一的国有资产运营管理系统
	IT2	缺少适合编制合并财务报表的 IT 系统
	PP1	编制人员的会计水平、职业素养和专业技能
	PP2	编制人员的配备相对薄弱，兼职和变动频繁
	FD	各职能部门不直接参与试编工作
	PE1	缺乏政府财务指标体系、分析与考核指标
	PE2	缺少公开及审计机制
刺激	LA1	地方党政主要领导和上级主管部门重视
	LA2	本单位主要领导重视
	IG	执行政府会计准则及其相关制度
	PT	加强编制人员的专业培训
	PG	已试编政府地区、部门会对未试编地区、部门产生影响
	SA	人大、政协对地方政府的问责与监督
	IE	政府的发起与鼓励
	AW	学术界推动试编工作
效益	DM	有助于决策制定
	LD	有助于解除受托责任
	CT	对于准确反映政府的成本费用而言是重要的
	AL	有助于摸清政府家底、提升资产负债管理水平

二、研究设计

（一）问卷设计

本书的问卷设计主要借鉴了 Brusca 和 Martinez（2016）研究文章中的问卷量表，并在此基础上进行了修正；同时，问卷的设计也依据 2011—2017 年我国省市县（区）财政部门的一线编制人员发表的与政府合并财务报表编制相关文献，并结合研究假设的理论框架综合设计。问卷调查内容（见本书附录二）分为政府合并财务报表编制的障碍因素、政府合并财务报表编制的刺激因素、政府合并财务报表编制获取的效益和基本信息四个方面。本书使用了政府合并财务报表编制的障碍因素、刺激因素这两个潜变量对政府（部门）是否编制合并财务报表进行测度；此外，本书还测度了政府（部门）编制合并财务报表所带来的效益。

在确定潜变量指标方面，政府合并财务报表编制的障碍因素主要使用了公共基础设施、隐性债务、债券债务等 16 个测项；刺激因素采用领导重视、执行政府会计准则与制度、编制人员专业培训等 8 个测项；效益采用了决策制定、解除受托责任、成本费用、资产负债管理 4 个测项。本调查问卷采用李克特五分量表法来衡量测项，将政府合并财务报表编制的障碍因素、刺激因素、效益分为五分评价刻度，“1 分”表示完全不同意，“5 分”表示完全同意；问卷回答者根据问卷中的测项问题进行主观打分，分值越高，表示同意的倾向性越大。

（二）样本特征

本书所使用的数据均来自问卷调查。为确保调查问卷的信度和效度，我们首先与政府会计领域的相关专家学者进行了探讨，根据专家意见，经过小组的反复讨论，确定了调查问卷的初稿。之后，我们选择了 2 个省行政事业单位财务人员培训班进行问卷的预测试；在此基础上，通过调研访谈，修改问卷预测试中发现的交叉重复、表述不清晰、易产生歧义等问题，最终确立正式的调查问卷。我们于 2017 年 6 月至 2018 年 1 月进行了问卷的发放与回收工作。调查问卷发放对象为省市县（区）财政部门国库人员以及行政事业单位财务人员。发放问卷的方式主要包括电子邮件、问卷之星、在财政部门内的系统发放以及部分省（市）行政事业单位财会人员培训班上发放等；此外，问卷还通过同学、朋友等向相关编制人员发放。一共发放了调查问卷1500份，回收541份，回收率36%，其中有效问卷384份（答案雷同、很多空白未填、绝大多数多项选择题选一样的答案、选择题5个以上未填等都被剔除）。总体上可以较好地代表我国政府合并财务报表试编现状。调查对象的基本情况如表6-2所示。

从表6-2可以发现，在调查对象中男性占比32.6%，女性占比67.4%；18~25岁、26~35岁、36~45岁、46~55岁、56岁及以上的比例分别为3.1%、18.8%、43%、33.1%、2.1%；其中财会部门的正副职领导占比31%，财会部门的普通人员占比54.2%，非财会部门的正副职领导占比5.5%，非财会部门的普通职员占比9.3%；调查对象来自省/直辖市财政部门、市级财政部门、县（区）级财政部门、其他单位的比例分别为12.2%、17.2%、23.2%、47.4%；调查对象的教育水平为博士、硕士、本科、大专、其他所占的比例分别为1.0%、7.8%、62.8%、25.8%、2.6%；调查对象的最高学位专业名称为会计、财务与审计、其他所占比例分别为58.6%、18.5%、22.9%；调查对象在目前岗位的服务时长最长为44年，最短为0.5年，平均时长为15.6。调查对象所在单位的员工数量，最多为3300人，最少为7人，平均为258.7人；调查对象所在单位的国库（非财政部门财务）人员数，最多为46人，最少为1人，国库人员平均数为8.2个，其中高级会计师人数最多为8人，最少为0人，平均为1.4人；中级会计师人数最多为25人，最少为0人，平均为2.2人；初级会计师人数最多为45人，最少为0人，平均为2.7人；其他类别的最多为32人，最少为0人，平均为1.9人；博士人数最多为3人，最少为0人，平均为0.1人；硕士人数最多为26人，最少为0人，平均为1.3人；本科人数最多为35人，最少为0人，平均为5.4人；大专人数最多为30人，最少为0人，平均为2.2人；其他类型财会人员最多为12人，最少为0人，平均为0.6人；这表明，大部分部门（单位）财会人员的人数偏少、专业水平和教育水平偏低。调查对象所在单位开展政府合并财务报表编制情况：没有开始编制、编制1年、2年、3年、4年、5年及其以上所占比例分别为75.0%、

8.1%、2.9%、2.3%、1.6%、10.2%；即在所有调查的单位中共有96家开展政府合并财务报表的试编工作，占所有调查对象的比例为25.0%。因此，大部分调查对象所在单位并没有开展合并财务报表编制工作。

表6-2　调查对象基本情况　　单位：人,%

背景	分类	频数	百分比
性别	男	125	32.6
	女	259	67.4
年龄	18~25岁	12	3.1
	26~35岁	72	18.8
	36~45岁	165	43.0
	46~55岁	127	33.1
	56岁及以上	8	2.1
工作职务	财会部门的正副职领导	119	31.0
	财会部门的普通人员	208	54.2
	非财会部门的正副职领导	21	5.5
	非财会部门的普通职员	36	9.3
单位级别	省/直辖市财政部门	47	12.2
	市级财政部门	66	17.2
	县（区）级财政部门	89	23.2
	其他	182	47.4
教育水平	博士	4	1.0
	硕士	30	7.8
	本科	241	62.8
	大专	99	25.8
	其他	10	2.6
最高学位专业名称	会计	225	58.6
	财务、审计	71	18.5
	其他	88	22.9
所在单位开展政府（部门）合并财务报表年数			
其中	没有开始编制	288	75.0
	1年	31	8.1

续表

背景	分类	频数		百分比	
	2 年	11		2.9	
	3 年	9		2.3	
	4 年	6		1.6	
	5 年以上	39		10.2	
		频数*	均值	最小值	最大值
个人工作年限		343	15.6	0.5	44
所在单位员工总数		302	258.7	7	3300
所在单位的国库（非财政部门财务）人员总数		243	8.2	1	46
其中	高级会计师	243	1.4	0	8
	中级会计师	243	2.2	0	25
	初级会计师	243	2.7	0	45
	其他	243	1.9	0	32
所在单位的国库（非财政部门财务）人员总数		181	9.6	1	46
其中	博士	181	0.1	0	3
	硕士	181	1.3	0	26
	本科	181	5.4	0	35
	大专	181	2.2	0	30
	其他	181	0.6	0	12

注：*表示有填该数据的问卷数。

（三）PLS-SEM 结构方程模型

本章的研究主要使用了 PLS-SEM 结构方程模型（简称“PLS-SEM 模型”）。结构方程模型是一种多元的分析方法，其可以在变量之间使用多因素回归方法分析因果关系。结构方程模型的突出优势是构建潜变量，并能够在模型中构造一个因变量和自变量之间关系的函数。潜变量是不可以直接测量的，但可以通过其他变量进行综合估计。结构方程模型允许对一个潜变量构建一个或多个相关显变量进行测量。在本章中，潜变量包括障碍、刺激和效益。

结构方程模型分为两类：一类是以协方差（Covariance）作为基础的结构方程（CB-SEM）模型，主要用于验证（或拒绝）理论（即通过经验验证多个变量之间关系的一套系统），使用该模型时，首先设计一个假设理论模型，在此基础上，通过样本数据评估协方差矩阵；另一类是 PLS-SEM 模型，通常也称“PLS 路径模型”，该结构模型主要使用在探索性研究中，旨在发展理论；当解释模型时，PLS-SEM 模型主要关注于解释变量的方差。此外，PLS-SEM 模型一直被广泛应用于各种研究领域（Kock，2010），例如，信息系统（Guo et al.，2011；Kock and Lynn，2012）、市场营销（Biong and Ulvnes，2011）、国际贸易（Ketkar et al.，2012）等领域。因为本章的研究为探索性研究，所以，本章选取了 PLS–SEM 模型。

与 CB-SEM 模型相比，PLS-SEM 模型在四个方面具有优势。一是在研究中，样本数据存在许多类型的分布（如正态分布、二项分布、泊松分布）。不同结构方程模型对样本数据的分布要求并不相同，其中 CB-SEM 模型要求正态分布；相比之下，PLS-SEM 模型通常不对数据的分布做出要求。二是与 CB-SEM 模型相比，PLS-SEM 模型通常要求较少的样本量。PLS-SEM 模型中要求样本的数量的经验法则是题项数的 10 倍，即以 10 倍规则提供一个最小样本数量的要求。PLS-SEM 模型与其他统计技术相似，要求研究人员考虑样本规模、模型背景以及数据特征（Hair and Sarstedt，2011）；具体来说，样本数量的要求要基于模型分析和预测的需要（Joseph et al.，2014）。当样本数量超过 250 个时，PLS-SEM 模型与 CB-SEM 模型计算的结果非常类似。三是 PLS-SEM 模型可以同时处理反应性指标和形成性指标。形成性指标代表的是一种因果关系，即在测量模型中，箭头由题项指向潜变量；反映指标是箭头由潜变量指向题项，即对构建指标变量的协方差测量。四是 PLS-SEM 模型可以是理论验证也可以是理论发展。前者是用来探索变数之间变数的假设，仍以理论发展为主；而 CB-SEM 模型若没有理论基础，就无法将理论架构套在实际现象上，所以就无法测试。此外，CB-SEM 模型和 PLS-SEM 结构模型通常运行的结果没有区别，因此，PLS-SEM 模型可以取代 CB-SEM 模型的结果；在某些情况下，特别是当很少有关于结构模型的先验知识的时候，或者更多的是探索性验证时，PLS-SEM 模型比 CB-SEM 模型具有更多优势。

然而，PLS-SEM 模型也存在一些局限，如，当模型中包括的潜变量之间存在因果循环关系时不适合应用该模型；此外，由于 PLS-SEM 模型并没有足够全面的拟合度，其在理论验证方面也存在某种局限（Joseph et al.，2014）。

三、实证结果

在对影响政府合并财务报表编制的障碍、刺激因素及编制政府合并财务报表获取的效益进行分析时，本章使用了计量软件 WarpPLS6.0。该软件是在结构模型中广泛使用的软件之一，与其他软件相比具有较多优势，如在结构方程模型中，该软件是首个能够明确识别两个潜变量之间非线性关系，并能计算多元相关系数的软件，一阶测量模型和二阶测量模型均可使用（Kock，2010）。WarpPLS6.0 在处理样本数据非正态分布及部分存在缺失方面更为有效。此外，该软件能够同时处理测量模型中的形成性指标和反应性指标。

（一）样本数据描述性统计

本节首先对问卷的数据进行描述性统计。描述统计量包括样本数目、平均值、标准差、最大值、最小值及编制合并财务报表的样本与未编制样本的平均值之差。表 6-3、表 6-4、表 6-5 反映了障碍因素、刺激因素、效益的描述统计量的结果。表 6-3、表 6-4、表 6-5 都包括了编制合并财务报表的样本（97 个）与未编制的样本（287 个）的描述性统计量，目的是在已编制与未编制样本之间做一个对比。

1. 障碍因素

表 6-3 为障碍因素描述性统计。“公共基础设施会计核算薄弱（PI1）”，未编制政府合并财务报表平均值为 4.233，已编制政府合并财务报表平均值为 4.278，两者差值为-0.045；由于未编制和已编制单位的样本均值都超过 4，介于同意与完全同意之间，因此调查对象认为公共基础

设施会计核算薄弱是政府合并财务报表编制的主要障碍之一。尽管未编制均值比已编制均值小 0.045，但由于两者之间相差很小，可以忽略。

未编制政府合并财务报表和已编制的样本平均值都介于 4 和 5 之间，包括“大量隐性债务的存在（PI2）”“地方政府债券债务种类繁多（PI3）”“对不同性质的公共部门及混合所有权的资产（LR4）”“缺少政府财务指标体系、分析与考核指标（PE1）”4 个测项；且未编制政府合并财务报表的大于已编制的样本均值，这表明调查对象普遍认为这四个方面因素是编制政府合并财务报表的主要障碍，未编制调查对象认为，这四个方面障碍对政府合并财务报表编制的影响要大于已编制单位，即未编制单位在这四个方面感知到的困难要大于已编制单位。

未编制政府合并财务报表的样本平均值大都介于 4 和 5 之间，且已编制的样本平均值大都介于 3 和 4 之间，包括了“内部债权债务数额大，抵销操作难度大（PI4）”“决算报表体系口径不统一（LR1）”“部分固定资产的确认存在困难，‘谁管理、谁反应’标尺执行困难（LR2）”“无统一的国有资产运营管理系统（IT1）”“缺少公开及审计机制（PE2）”5 个测项。对于这 5 个障碍因素，未编制的调查对象普遍认为对未编制政府合并财务的影响程度要大于已编制调查对象。

未编制政府合并财务报表和已编制的样本平均值大都介于 3 和 4 之间，包括了“第一次转化权责发生制进行确认计量（PI5）”“不同性质的公益部门是否合并（LR3）”“缺少适合编制合并财务报表的 IT 系统（IT2）”“编制人员的会计水平、职业素养和专业技能（PP1）”“编制人员的配备相对薄弱，兼职和变动频繁（PP2）”“各职能部门不直接参与试编工作（FD）”6 个测项，这表明调查对象普遍认为这 6 个障碍因素仍对政府合并财务报表的编制产生较强的影响。此外，未编制政府合并财务报表的均值大于已编制的样本均值，即未编制政府合并财务报表的调查对象感知这 6 个障碍因素的影响程度要大于已编制单位调查对象的感知程度。总体上看，已编制政府合并财务报表单位的调查对象认为的障碍因素影响程度要小于未编制单位。

表 6-3　障碍因素描述性统计

变量	未编制政府合并财务报表					已编制政府合并财务报表					Dif
	N	mean	sd	min	max	N	mean	sd	min	max	
PI1	287	4. 233	0. 742	1	5	97	4. 278	0. 898	1	5	-0. 045
PI2	287	4. 321	0. 763	1	5	97	4. 289	0. 889	1	5	0. 032
PI3	287	4. 254	0. 696	1	5	97	4. 134	0. 909	1	5	0. 120
PI4	287	4. 080	0. 800	1	5	97	3. 856	1. 010	1	5	0. 224
PI5	287	3. 805	0. 977	1	5	97	3. 660	1. 117	1	5	0. 145
LR1	287	4. 017	0. 808	1	5	97	3. 763	1. 088	1	5	0. 254
LR2	287	4. 017	0. 867	1	5	97	3. 887	1. 009	1	5	0. 130
LR3	287	3. 916	0. 806	1	5	97	3. 794	0. 957	1	5	0. 122
LR4	287	4. 122	0. 676	2	5	97	4. 113	0. 900	1	5	0. 009
IT1	287	4. 028	0. 861	2	5	97	3. 948	0. 906	2	5	0. 080
IT2	287	3. 864	0. 884	2	5	97	3. 701	0. 970	2	5	0. 163
PP1	287	3. 909	0. 844	1	5	97	3. 670	1. 106	1	5	0. 239
PP2	287	3. 944	0. 822	1	5	97	3. 763	0. 922	2	5	0. 181
FD	287	3. 613	0. 961	1	5	97	3. 464	1. 011	1	5	0. 149
PE1	287	4. 073	0. 713	2	5	97	4. 052	0. 834	2	5	0. 021
PE2	287	4. 017	0. 830	1	5	97	3. 938	0. 966	1	5	0. 079

2. 刺激因素

表 6-4 为刺激因素描述性统计。未编制政府合并财务报表和已编制的样本平均值都介于 4 和 5 之间，包括了“地方党政主要领导和上级主管部门重视（LA1）”“本单位主要领导重视（LA2）”2 个测项；且未编制政府合并财务报表的均值小于已编制的样本均值，这表明调查对象普遍认为这两方面因素是编制政府合并财务报表的主要刺激因素，未编制的调查对象认为，这两方面刺激因素对政府合并财务报表编制的影响要大于已编制单位，即未编制单位对这两方面感知到的刺激程度要大于已编制单位。

未编制政府合并财务报表的样本平均值都介于 3 和 4 之间，且已编制的样本平均值大都介于 4 和 5 之间，包括了“执行政府会计准则及其相关制度（IG）”“加强编制人员的专业培训（PT）”“已试编政府地区、部门会对未试编地区、部门产生影响（PG）”“人大、政协对地方政府的问责与监督（SA）”“政府的发起与鼓励（IE）”5个测项。对于这5个刺激因素，未编制的调查对象普遍认为对编制政府合并财务的影响程度要小于已编制调查对象。

题项“学术界推动试编工作（AW）”，未编制政府合并财务报表的样本平均值为3.404，已编制的样本平均值为3.918；未编制的样本均值与已编制的样本均值之差为-0.514，这表明“学术界推动试编工作”对政府合并财务报表的编制有较强的影响，且未编制的调查对象认为对编制政府合并财务的影响程度要小于已编制调查对象。

表6-4　刺激因素描述性统计

变量	未编制政府合并财务报表					已编制政府合并财务报表					Dif
	N	mean	sd	min	max	N	mean	sd	min	max	
LA1	287	4.390	0.695	1	5	97	4.454	0.722	1	5	-0.064
LA2	287	4.341	0.735	1	5	97	4.402	0.702	2	5	-0.061
IG	287	3.732	0.837	1	5	97	4.381	0.783	2	5	-0.649
PT	287	3.909	0.864	1	5	97	4.608	0.622	2	5	-0.699
PG	287	3.585	0.823	1	5	97	4.320	0.823	1	5	-0.735
SA	287	3.955	0.78	1	5	97	4.206	0.660	2	5	-0.251
IE	287	3.707	0.843	1	5	97	4.361	0.780	2	5	-0.654
AW	287	3.404	0.941	1	5	97	3.918	0.898	1	5	-0.514

3. 效益

表6-5为效益因素描述性统计。题项“有助于决策制定（DM）”未编制政府合并财务报表的样本平均值为4.031，已编制的样本平均值为4.155；均值之差为-0.124，这表明调查对象普遍认为编制政府合并财务报表有助于政府的决策制定，然而，未编制的调查对象认为编制政府合并财务报表能够有助于决策制定的效益程度小于已编制的调查对象。

题项“有助于解除受托责任（LD）”，未编制政府合并财务报表的样本平均值为3.829，已编制的样本平均值为4.093；均值之差为-0.264，这表明已编制政府合并财务报表的调查对象认为编制政府合并财务报表有助于解除政府受托责任的作用要强于未编制政府合并财务报表的调查对象。

题项“对于准确反映政府的成本费用而言是重要的（CT）”，未编制政府合并财务报表的样本平均值为 3.955，已编制的样本平均值为 4.062；均值之差为-0.107；这表明已编制政府合并财务报表的调查对象认为编制政府合并财务报表更有助于准确反映政府的成本费用。

题项“有助于摸清政府家底、提升资产负债管理水平（AL）”，未编制政府合并财务报表的样本平均值为 4.105，已编制的样本平均值为 4.268；均值之差为-0.163，这表明调查对象普遍认为编制政府合并财务报表有助于摸清政府家底、提升资产负债管理水平；然而，未编制的调查对象认为编制政府合并财务报表能够有助于摸清政府家底、提升资产负债管理水平的效益程度小于已编制的调查对象。总体上看，调查对象普遍认为编制政府合并财务报表能够获取效益，且已编制单位的调查对象认为的效益程度大于未编制单位。此外，从效益的四个方面比较看，已编制单位调查对象普遍认为 AL>DM>LD>CT；而未编制单位调查对象普遍认为 AL>DM>CT>LD；因此，已编制单位与未编制单位的调查对象之间是存在差异的。

表 6-5　效益描述性统计

变量	未编制政府合并财务报表					已编制政府合并财务报表					Dif
	N	mean	sd	min	max	N	mean	sd	min	max	
DM	287	4.031	0.773	1	5	97	4.155	0.782	2	5	-0.124
LD	287	3.829	0.829	1	5	97	4.093	0.867	1	5	-0.264
CT	287	3.955	0.691	1	5	97	4.062	0.801	1	5	-0.107
AL	287	4.105	0.666	1	5	97	4.268	0.771	1	5	-0.163

（二）模型评估

1. 反应性指标测量模型

本书使用了传统标准——克朗巴哈 α 系数（Cronbach's α，也称“信度系数”）对所有命题的内部一致性进行了检验，结果显示都超过了 0.8，这表明所有命题都具有较高的有效性，可以有效地降低结果的模糊性。在 PLS-SEM 模型中，我们还使用了组合信度（Composite reliability）对命题的内部一致性进行验证。组合信度通常与 Cronbach's α 系数值的解释结果相一致：介于0~1，较大值代表了较高的可靠性；组合信度的值处于0.6~0.7，在探索性研究中是可以被接受的；处于0.7~0.9，在更高的研究阶段中是令人满意的（Nunally and Bernstein，1994）；当组合信度值大于0.9（更为确切的是0.95）是不可取的，因为它表明所有指标变量在测量相同现象，因此，不太可能构造有效的度量；组合信度低于0.6，表明数值内部缺乏一致性。本书中组合信度介于0.8~0.9，表明了命题具有较高的内部一致性和可靠性。反应性指标（效益）的平均方差提取（AVE）大于0.5，表明聚合效度符合要求。结果如表6-6所示。

表6-6　Cronbach's α，Composite reliability and AVE

变量	Type	Cronbach's alpha	Composite reliability	AVE
障碍	formative	0.883	0.901	0.365
刺激	formative	0.846	0.882	0.486
效益	reflective	0.827	0.885	0.659

2. 形成性指标测量模型

在PLS-SEM模型中，形成性指标在权重显著的情况下才能保留该题项。此外，方差膨胀因子（Variance Inflation Factor，VIF）主要用来反映形成性测量模型中指标之间多重共线性问题；要求VIF值大于0.2，且要小于5；特别当 $P<0.05$ 且 $VIF<2.5$ 时，形成性指标即有很好的接受度。本书中形成性指标P值都小于0.05；VIF值除了IE（政府的发起与鼓励）为2.523外，其余都介于1.440~2.081。结果如表6-7所示。

表6-7　形成性指标评估

测项	障碍	刺激	效益	指标类型	P	VIF
PI1	0.090			形成性	0.037	1.596
PI2	0.094			形成性	0.031	1.798
PI3	0.097			形成性	0.027	1.857
PI4	0.110			形成性	0.015	1.675
PI5	0.101			形成性	0.023	1.440
LR1	0.102			形成性	0.022	1.632
LR2	0.115			形成性	0.011	1.812

续表

测项	障碍	刺激	效益	指标类型	P	VIF
LR3	0.107			形成性	0.017	1.658
LR4	0.107			形成性	0.017	1.683
IT1	0.111			形成性	0.014	1.620
IT2	0.112			形成性	0.013	1.701
PP1	0.104			形成性	0.019	1.662
PP2	0.094			形成性	0.032	1.447
FD	0.099			形成性	0.025	1.580
PE1	0.106			形成性	0.018	1.570
PE2	0.102			形成性	0.022	1.584
LA1		0.150		形成性	0.001	2.081
LA2		0.141		形成性	0.003	2.004
IG		0.187		形成性	<0.001	1.793
PT		0.196		形成性	<0.001	1.956
PG		0.193		形成性	<0.001	1.865
SA		0.163		形成性	<0.001	1.457
IE		0.211		形成性	<0.001	2.523
AW		0.183		形成性	<0.001	1.898
DM			0.305	反应性	<0.001	1.707
LD			0.295	反应性	<0.001	1.599
CT			0.314	反应性	<0.001	1.885
AL			0.317	反应性	<0.001	1.918

（三）模型参数估计结果的解释

1. 测量模型

根据方程模型的输出结果，表6-8为模型参数估计值和显著性水平。潜变量与观测变量间的标准化载荷系数为正，范围介于0.405~0.954，除编制人员的配备相对薄弱，兼职和变动频繁（PP2）的因子载荷系数为0.411、缺少公开及审计机制（PE2）的因子载荷系数为0.472、本单位主要领导重视（LA2）的因子载荷系数为0.496、人大、政协对地方政府的问责与监督（SA）的因子载荷系数为0.405外，其他都在0.5以上，具有显著性（$P<0.05$），说明指标对潜变量有很好的解释力。

表 6-8　观测变量与潜变量参数估计（测量模型）

潜变量	观测变量	指标类型	参数估计值
障碍	PI1	形成性指标	0.625***
	PI2	形成性指标	0.624***
	PI3	形成性指标	0.635***
	PI4	形成性指标	0.735***
	PI5	形成性指标	0.619***
	LR1	形成性指标	0.653***
	LR2	形成性指标	0.757***
	LR3	形成性指标	0.603***
	LR4	形成性指标	0.720***
	IT1	形成性指标	0.631***
	IT2	形成性指标	0.579***
	PP1	形成性指标	0.545***
	PP2	形成性指标	0.411**
	FD	形成性指标	0.514***
	PE1	形成性指标	0.515***
	PE2	形成性指标	0.472**
刺激	LA1	形成性指标	0.632***
	LA2	形成性指标	0.496**
	IG	形成性指标	0.711***
	PT	形成性指标	0.780***
	PG	形成性指标	0.669***
	SA	形成性指标	0.405**
	IE	形成性指标	0.954***
	AW	形成性指标	0.839***
效益	DM	反映性指标	0.798***
	LD	反映性指标	0.699***
	CT	反映性指标	0.875***
	AL	反映性指标	0.867***

注：***和**分别表示在10%、5%的水平上显著。

2. 结构模型

结构模型中，路径系数使用了标准化的回归系数（β），反映结构模型的有效性；回归系数（β）值要求达到0.2以上，并且要求显著（Chin，1998）。表6-9结果显示，命题1、命题2符合要求；而命题3的β系数虽小于0.2，但仍显著。

表6-9结果显示，障碍因素对政府合并财务报表编制有负向的影响（β=-0.316，P<0.01）；刺激因素对政府合并财务报表编制有正向的影响（β=0.487，P<0.01）；我们也发现编制政府合并财务报表能够获取正向效益（β=0.114，P<0.05），但效益程度相对较弱，这可能与我国当前处于试编阶段，政府（部门）综合财务报告没有公开，各项政府会计准则与制度没有制定完善，还无法完全使用政府合并报表进行财务分析、考核评价有关。

表6-9　结构模型路径系数

Propositions	（β）	T-Value	Standard error
障碍©合并财务报表编制	-0.316***	-6.449	0.049
刺激©合并财务报表编制	0.487***	10.146	0.048
合并财务报表编制©效益	0.114**	2.280	0.050

注：***和**分别表示在10%、5%的水平上显著。

本章小结

鉴于样本数据是通过对财政国库部门和较大行政事业单位财务人员问卷调查获取的，且样本分布面广，因此样本数据具有较高代表性和可靠性。本章通过构建政府合并财务报表编制的影响因素、编制政府合并财务报表获取效益模型，使用WarpPLS6.0软件进行了验证。结果显示，编制政府合并财务报表的障碍因素对编制有负向的影响，阻碍编制工作；刺激因素对编制政府合并财务报表有正向的影响，促进试编工作开展；而编制政府合并财务报表对单位能够获取效益的影响并不十分明显。这表明，在试编阶段不仅要克服影响编制工作的障碍因素，还要注重政府综合财务报告信息在决策制定、解除受托责任、绩效考核等方面的应用。因此，本章的结果对我国将要全面开展政府（部门）财务报告编制工作有一定的启示。

第七章　中国政府合并财务报表编制的政策与建议

编制政府合并财务报表工作是一项艰巨且复杂的任务，需要长时间的完善（Brusca and Montesinos，2009）。在我国，虽然试编工作已开展了多年，但编制真正意义上的权责发生制的政府综合财务报告尚属首次，且缺乏既有经验与模式；同时，政府综合财务报告编制工作涉及面广、任务重、政策性和技术性强，面临着诸多困难和亟须解决的难题，如政府合并财务报表如何与政府财政统计协调衔接、遗产如何计价和披露、政府综合财务报告编制的保障机制如何健全等。本章结合前文的分析，从五个方面进行分析并提出相应的建议。

第一节　政府合并财务报表与政府财政统计的协调衔接

政府财政统计主要用于宏观经济分析，主要依据联合国的国民经济核算体系（the System of National Accounts，SNA）编制；统计核算采取自上而下的方式，涉及政府各部门彼此相关的领域；核算数据来源于实体财务报告，同时也依赖于调查和评估。政府合并财务报表主要用于政府解除受托责任和决策制定，依据政府会计准则编制；合并财务报表使用自下而上的会计报告系统，要求在抵销内部交易的情况下，反映报告主体合并范围内的实体经济情况。政府合并财务报表包括的范围是合并范围内的实体；财政统计主要代表了政府从整个经济视角的考虑。Crisan 和 Fülöp（2014）使用 Jaccard 相似系数比较、分析了政府财政统计系统和通用目的财务报告，结果显示财政统计和国际公共部门会计准则相似度十分低，因此认为两者之间协调还为时过早。Cîrstea 等（2017）认为，财政统计报告与合并财务报表有不同的用途：其中前者主要关注政府政策，并评估政府对经济的影响；后者包含了财务信息、资产、负债、政府的收入与支出、现金流量信息等，这就使合并财务报表与业绩指标相关联，能够为利益相关者呈现更加完整的政府提供公共服务的绩效信息。

国际公共部门会计准则理事会多年来一直致力于财政统计与公共部门会计趋同，并尽可能缩减两者之间差异。其中政府合并财务报表和政府财政统计表报告都包括一般政府部门（中央和地方政府、政府财政资金资助的社会保障金及非参与市场活动的非营利机构）的财务信息；国际公共部门会计准则第 22 号（IPSAS22）对一般政府部门财务信息披露做出规定，旨在提供更高层次的财务报告透明度，架起政府合并财务报表和政府财政统计报告的连接桥梁。实现宏观和微观之间的信息趋同是诸多准则制定机构共同努力的方向。2012 年，国际公共部门会计准则理事会发布了《IPSAS 与政府财政统计报告指南的咨询报告》，旨在有助于减少政府财政统计和国际公共部门会计准则之间的差异；其目的是政府合并财务信息系统能够同时生成 IPSAS 的财务报表和政府财政统计报告。2014 年，国际公共部门会计准则理事会发布了《在 IPSAS 制定中考虑政府财政统计报告的指引》；其目的是在 IPSAS 制定中，国际公共部门会计准则理事会需要考虑财政统计指引。2015 年 1 月，国际公共部门会计准则理事会发布了第 35 号会计准则—合并财务报表，不再许可暂时受控实体排除在公共部门合并财务报表合并范围之外，旨在减少公共部门会计准则和《政府财政统计手册（2014）》（出版稿）之间的差异。

在欧盟，政府财政统计手册（Manual on Government Finance Statistics）是欧盟政府财政的另外会计架构，旨在用于宏观经济统计和财政分析。欧洲国家和地区系统账户（European System of National and Regional Accounts，ESA 2010）是基于权责发生制会计系统进行统计，因此，与 IPSAS 准则存在紧密的联系。欧盟委员会（2013）认为财政统计数据的主要来源于不同政府实体的会计记录、报告及补充财务信息，可靠的政府财务报表数据是财政统计必不可少的准备，这将对政府财政规划、协调和监督起重要作用。由于信息使用者和决策制定者在解释和评级信息方面，并不具备专业知识，因此最重要的问题是需要弄清在IPSAS产生的财务信息与预算、公共财政统计和国民经济核算等其他信息协调趋同。此外，英国、澳大利亚、新西兰等三个联邦制国家是直接或部分以国际财务报告准则作为基础，编制政府综合财务报告；以致试图缩小公共部门会计与国民经济核算之间要求差异（Grossi and Pepe，2009）。Heald and Georgiou（2011）认为，尽管如此，在三个国家之间，报告实体的差异仍然存在。英国政府整体账户包含养老金负债，然而，公共服务的养老金负债没有包含在欧洲统计局的公共部门净负债报告中。澳大利亚自2000年起，逐步使政府财政统计与一般公认会计原则的信息披露相一致。澳大利亚在缩小政府合并财务报表与政府财政统计报告两者之间的差异方面，走到更远、更超前，已向议会提交国民经济核算的财务报告，因此，需要消除公共部门会计与国民经济核算之间的差异（Barton，2011）。澳大利亚会计准则委员和国际会计师联合会在协调会计准则和财政统计方面主要聚焦概念，而不是考虑信息的决策有用性。此外，合并、编制一般公共部门的合并财务报表，要与正式预算相联系；然而，澳大利亚的预算是基于权责发生制会计核算基础，恰好满足这一需求。

从以上分析可以看出，国际上政府合并财务报表与政府财政统计正在逐步协调，趋向衔接。在我国，《权责发生制政府综合财务报告制度改革方案》明确规定，“财政部门编制政府综合财务报告，反映政府整体的财务状况、运行情况和财政中长期可持续性”。这就要求政府合并财务报表同时满足微观财务信息和宏观财政信息的需求，因此，需要深入研究政府合并财务报表与政府财政统计的差异和联系，使两者逐步协调，趋向衔接，促进财政中长期可持续发展的需求。这为我国将要展开的政府合并财务报表编制工作提出了新的要求，同时也是政府财政人员面临的又一挑战。

第二节　关于遗产确认、计量、报告问题

政府会计财务报告系统改革的一个重要特征是包含所有政府管理机构

的财产，其中也就包括了遗产。遗产主要包括历史建筑、纪念碑、考古遗址、艺术品等。其主要特征是不能被复制、不能确定使用寿命期限、极小可能被用来交易；在使用过程中，其价值随着时间推移一般不会降低，甚至会出现增加。艺术品、遗址等遗产非常珍贵、不可替代，受到全世界的喜爱，地方政府有责任维护它们，但由于它们通常无法实现收入，反而需要经常保养与维护，导致现金支出，因此，以现金制为基础的预算会计传统忽视了它们。此外，由于遗产的识别和估值存在可靠性的问题，这就意味着它们很难以准确的货币价值形式在政府合并财务报表中予以反映。因此，遗产如何在政府合并财务报表中确认、计量，如何披露会计信息是政府合并财务报表的一个重要难题。Lapsley（1999）认为，遗产应作为财务报告的一个重要元素，代表着实体资产运行状况。Barton（2000）认为，遗产本质上应属于“信托资产”，实体持有、管理、控制这些资产，代表了公共利益。Barton（2005）认为，遗产应单独报告，主要是因为遗产缺乏交易的商业市场环境，无法可靠决定其“公允价值”，所以更适合作为单独信托资产项目，报告其非财务方面情况；遗产会计处理作为公共部门会计核算问题的一部分，若缺失反映遗产的保护和维护的会计信息，可能会导致糟糕管理、并阻碍可用资源的优化，这将不利于代际公平。Porter（2004）支持会计准则制定机构在资产负债表中确认遗产，因为这种方式能强化实体的问责。Christiaens 等（2012）认为，遗产的会计处理应考虑其特性，主要反映社会收益而不是资产负债表上的经济利益，应单独报告遗产的运行绩效（主要衡量指标是用户满意度，而不是收入）或其维护成本（应计入费用，在当期成本类、损益类账户列示）。在财务报告中，遗产包含在固定资产中。但是，在一些情况下，遗产的价值不能可靠计量，或取得成本超过收益，应该披露这些遗产的会计信息。

当前，遗产的价值主要有以下几种会计计量方法：历史成本法、市场价值法（公允价值）、使用价值法、评估法、专门技术法（expertise）、名义价值法。世界各国对遗产使用的会计计量方法并不相同。澳大利亚和新西兰采用新公共管理技术把遗产作为不动产、房舍与设备项目在报表中列示。德国的波茨坦市、海德堡市以每项 1 欧元的价值在财务报表附注中披露；艺术品和遗产不计提折旧。加拿大特许会计师委员会（CICA，2006）认为，艺术品和艺术宝藏不应该在财务报表中确认。意大利会计师协会及其他专业机构把历史遗产、艺术品作为资产，主要源于它们能够产生现金流量；但并不对这些遗产的计量提供具体会计准则；遗产的计量依据捐赠要求执行，并作为其原始成本，或在一定条件下遗产捐赠给其他实体时，依据公允价值计量其价值。英国 FReM 中要求，艺术和文化资产（遗产）可以使用成本或公允价值计量；如果其能够出售或清偿，需要使用其公允价值计量或重估估值的方法计量遗产价值，但价值计量需要依赖市场；但此种方法应用于非流通的特殊资产是不适当的。英国的遗产与社区资产既不资本化，也不计成本，没有权标值（Token value），且不能重新估值。此外，英国财政部对政府整体账户的遗产会计处理增加了一个专门要求，即许可受控实体可以不对遗产进行披露或确认。IPSAS17 准则把遗产归入不动产、房舍与设备项目。Aversano 和 Christiaens（2014）认为仅对遗产的识别、估值和信息披露是不够的，由于遗产保护及日常维护资金主要来自财政资金、捐款、价格补贴，应为遗产制定一个专门准则，准则要扩展至关于遗产的其他问题：维护、保护、经济状况和代际公平等方面。我国《政府会计准则——基本准则》第三十条规定，在无法采用历史成本、重置成本、现值、公允价值计量属性的情况下，可以采用名义金额（即人民币 1 元）计量，这就意味着，遗产在政府合并财务报表将以名义金额核算。我们认为，以名义金额核算遗产，仅是数量上的统计，并不能真正反映其会计信息，建议可以为遗产制定专门的会计准则，规范其会计核算，以在政府合并财务报表中准确反映。

第三节　财务风险视角下编制政府综合财务报告

自 2008 年以来，欧美许多国家爆发了债务危机，导致严重的国家财政风险，其原因主要是传统政府财务报告没能全面反映真实可靠、及时相关的政府整体财务信息，掩盖了政府财务困境，致使债务危机预警失灵。例如，政府大额隐性负债显性化、兜底债务最终由政府买单。英国政府整体账户通过报告养老金债务和负资产等方式，衡量和管理政府财政风险。政府合并财务报表能否做到代际公平的争论主要聚焦于负债的累积方面——此种现象在现金制的预算报告中不能反映。

建立规范合理的政府债务管理及风险预警机制是现实的需要。随着社会的发展，我国政府的资金来源也发生了改变。为了实现经济的发展、城市的建设，政府的负债规模不断增加。但是过去的收付实现制政府决算报告并不能完整反映政府的债务信息，因此也就不能够了解过去政府的负债情况，这对于防范和化解政府的债务风险是不利的。在我国，《权责发生制政府综合财务报告制度改革方案》的总体目标明确要求政府财务报告全面、清晰地反映政府财务信息，为加强资产负债管理、防范财政风险等提供了支持，促进了政府财务管理水平的提高和财政经济的可持续发展；同时，《政府综合财务报告编制指南》和《政府部门财务报告编制指南》都把债务分析指标作为政府财政经济状况分析的重要指标。因此，在债务管理方面，各级地方政府要厘清显性债务的数量；对隐性债务、或有债务、兜底债务要掌握还款单位的偿还能力并分析债务恶化的风险。同时，各级地方政府要做好后期的监控和管理工作：一方面要加强政府性债务分析，实行跟踪监督和定期检查的管理机制，推进政府债务管理的规范化；另一方面要着力控制政府负债规模，防范政府债务风险，并在政府合并财务报表中准确反映、及时披露。因此，在建立了权责发生制政府综合财务报告编制制度之后，只要建立健全政府财务报告分析应用体系，就可以对政府的债务进行详细核算，对政府的财务状况进行真实反映。建立权责发生制政府综合财务报告编制制度有助于政府建立起规范合理的债务管理及风险预警机制，防范政府的财政风险以及实施稳健的财政政策和正确的融资决策，避免出现财政危机。

此外，如果合并方法选取不恰当，将不能准确反映受控实体的财务状况，进而影响对政府整体财务的风险评估。Bergman 等（2015）认为，政府合并财务报表时，无论是选取完全合并法，还是选择权益合并法，都需要从财务风险视角考虑，为相关人员提供政府及相关部门全面清晰的财务信息。我国政府合并财务报表对不同性质的实体合并时，要从政府财务风险视角思考选择哪种合并方法。

第四节　政府合并财务报表编制是一个渐进、动态、完善的过程

从国际上看，政府会计改革国家政府合并财务报表编制是一个渐进、动态、趋于完善的过程。例如，1992 年，新西兰政府合并财务报表开始编制时把国有企业（State - owned Enterprise，SOEs）和王室企业（Crown Entities, CEs）排除在合并范围之外；1993 年，新西兰政府合并财务报表时使用权益法合并了国有企业和王室企业；2003 年，新西兰政府改为采用完全合并法对此进行合并。2004 年以前，欧盟界定公共部门合并财务报表的范围时主要采用了预算基准；自 2005 年起，欧盟界定公共部门合并财务报表的范围时同时使用了预算和控制两种基准。2004 年，意大利比萨市编制并公布了第一个地方政府合并财务报表，随后都灵（2006）、锡耶纳（2007）、皮斯托亚（2009）等相继发布了本市政府合并财务报表；然而 2011 年意大利才正式颁布政府会计准则，要求地方政府自 2017 年 1 月起，必须编制本级政府合并财务报表。2001 年 1 月，国际公共部门发布 IPSAS8，要求使用权益法或百分比法对共同控制实体合并；2015 年 1 月，IPSAS37 发布，对共同控制实体的会计核算明确要求仅使用权益法合并，不再许可使用比例法合并。在我国，我国政府综合财务报告编制可以采用自下而上的方式编制，即先从地方政府、中央部委编起，再扩大到政府整体层面；在界定合并范围方面，对暂时无法以适当方式并入合并范围的国家自然资源，可在政府合并财务报表编制初期暂缓合并，等积累相应合并经验、制定相关会计准则后再行合并；此外，合并方法的选取也要随着经济环境及所需政府合并财务报表反映会计信息的变化而改变。因此，我国政府综合财务报告编制工作应当遵循渐进式改革路径，在继承基础上注重经验的摸索与积累，根据已经印发的用于试点阶段的政府综合财务报告编

制办法和操作指南，各地方、各相关部门应当积极配合并确保政府会计改革工作的顺利开展。

第五节　健全政府合并财务报表编制的保障机制

一、加快政府会计人才培养

编制政府合并财务报表工作的推进与会计人员的素质密切相关。在政府的部分经济业务中，需要会计人员使用职业判断进行账务处理，会计人员的知识结构、专业素质会影响他们对会计业务的估计、判断及对会计要素的确认和计量，进而影响会计信息质量。

政府合并财务报表的编制过程是一个自下而上、由小到大、由微观到宏观的过程，基层单位财务报告编制人员的素质直接影响财务报告的数据质量，因此财政部门应联合各个部门加强对政府财务报告编制和研究人员的队伍建设，建立起一个覆盖全国的有层级、有分工、有管理、有技术的优秀骨干队伍。建议在政府合并财务报表编制的过程中主要做好以下三个方面的工作。

一是加强单位领导主体责任意识，充分认识到高质量的财务人员队伍是财务报告成功编制的关键。由于长期以来实行收付实现制为基础的预算会计制度，各级财政、各部门、各单位财务人员专业水平普遍不高，信息系统建设也还处于初级阶段，亟须对现有的财务人员加强培训，切实提高财务人员的业务能力和专业水平。因此，行政事业单位应加强组织领导，明确任务分工和责任，专人负责，尽可能地避免兼职情况的出现，且要将责任落实到具体人员，从客观角度提升相关人员对于此项工作的主观能动性。同时，行政事业单位要严格把好财务人员入口关，在录用财务人员时，应优先选择财会类专业人员。

二是注重业务知识培训。行政事业单位应对财务人员的资质以及继续教育规范管理，尤其是新的会计制度实施以后，更是要求财务人员要进一步转变思维方式，提高业务素质；同时，对政府综合财务报告相关填报人员、审核人员等进行系统的业务培训，包括政府综合财务报告的填报内容和填报要求，切实提高相关人员的实操能力；此外，在培训方式上，可以通过举办培训班、后续教育、知识竞赛等多种途径进行培训；在培训内容上，我们必须依据政府会计准则、财务报告的有关细则和制度对相关人员进行深入的业务培训，提高会计人员对政府会计重要性的认识，强化相关知识的掌握运用；另外，要强化会计人员的沟通能力，主要包括与单位领导和同行的沟通，这也是会计人员素质的重要方面。

三是要注重高级会计人员的培养。行政事业单位应大力鼓励财务人员报考全国会计职称资格考试，并且给予考试通过的会计人员升职、加薪等奖励；积极推荐优秀会计人员入围全国、全省会计领军人才培养工程，并充分发挥高级会计人员的引领辐射作用，提高财务人员的整体素质。此外，建议在会计学专业下设“政府会计”研究方向，单独制定培养方案和能力素质标准，为政府会计改革和建设提供专业人才储备。同时，政府部门也应根据工作需要，招收更多的高素质政府会计人才，另外，还应加强高校与政府会计学者的沟通交流，相互学习，为权责发生制政府综合财务报告改革提供智力支持与专业指导，为编制高质量政府综合财务报告打下坚实基础。

二、建立完善的会计信息系统

编制政府合并财务报表需要一个高度一体化的信息系统作支撑。信息系统作为政府会计改革的技术支撑是不可或缺的。权责发生制的政府会计信息系统主要源于企业，与传统收付实现制的系统相比最明显的优势是能够满足内部、外部利益相关者的信息需求，能实现更高层次上的公共资源使用效率，并更有效地授权管理人员使用资源。Bonollo 等（2016）认为，会计信息系统的配置不是一个单纯的技术问题，而是涉及整个管理。会计制度的变化不仅对技术产生影响，也对整个管理及组织产生影响。事实上，作为信息系统的一部分的会计系统不仅是一个技术工具，也是进步积累的结果，是经验、程序、过程的分层，是信息需求和影响组织未来发展的重要因素（Bonollo et al.，2016）。此外，会计信息系统的创新往往被认为是在组织变革中不可缺少的。一些学者使用批判方法，关注权力关系和信息系统之间的相互影响。Laughlin（2006）和 Broadbent 等（2001）认为，在不同的历史时期，会计信息系统反映了统治阶层的利益配置的理念；改变现有会计信息系统，旨在改变利益现状。Covaleski 等（2003）研究了会计信息系统在支撑现有的权力结构、组织文化以及组织合法化等方面变化的作用。因此，通常从外部看，权责发生制政府会计信息系统更符合规则、规范和价值观，而不仅是考虑其对管理的效率和有效性。

会计信息管理系统的引入不仅可以提高编制政府合并财务报表工作的效率，而且可以降低人工成本。当前，英国在编制政府整体账户的过程中，并没有手工收集政府整体账户所包含实体的任何单个数据。英国财政部的政府会计合并系统是一个在线的财务信息合并系统，政府整体账户的数据主要来自英国财政部的综合在线信息系统数据库。在意大利，法律要求公立大学更新会计信息系统，实现从传统现金制会计向应计制的会计信息系统的转变，并要求新会计系统能够与预算报告相结合，而不再单独分离预算。因此，安全可靠、快捷高效的会计信息系统是编制政府综合财务报告的有力保障。在我国，权责发生制政府综合财务报告的编制涉及的部门多、数据量浩大，若没有强有力的信息系统支持，不仅会延迟编制时间，而且影响编制的质量。近年来，虽然我国在财政信息化建设方面有了很大的改善，但是这些系统彼此孤立、一体化程度不高，要想提高政府综合财务的准确性和高效性，还需要进一步加大财务信息系统建设，并亟须建立科学、规范的政府会计信息系统。

首先，优化现有财务系统。权责发生制政府综合财务报告编制过程较为复杂，为了提高政府机构财务人员的工作效率，政府部门要进一步完善账务核算、预算管理、财政总决算、部门决算、资产管理等相关软件系统，在账务核算时，按照权责发生制内容设置相关辅助信息，打破非统一平台的壁垒，各个模块互相关联，自动实时对账，形成财务大数据，确保单位账目更清晰明了。

其次，要加紧研发与现有预算会计制度和政府会计准则制度相适应的会计信息系统，也就是研发政府综合财务报告编制系统，加快数据化大平台建设，通过统一软件、统一配置，实现预算、执行、核算、决算系统间的有效衔接，实现支持从各系统取数或数据导入，并具有一定分析功能，同时，将报表模块和核算模块无缝对接，报表自动从核算模块取数，并将数据加工整合形成报表，适当减少人工录入环节，尽量减少以手工方式采集、分析、调整数据的过程，以解决从报表中取数难、转换难等问题。

再次，根据编制政府合并财务报表的需要优化政府财务报告信息系统，特别要增设政府级次合并财务报表编制流程，开发系统相关功能，跨系统平台提取财政单位的财务系统、资产系统中的信息，全面提升权责发生制综合财务报告的编制质量，进而实现跨政府级次财务报表数据的传递，生成跨政府级次合并财务报表。同时，在报表的合并汇总环节要设置各单位往来款项明细项自动对账功能，保证各单位往来款项的真实准确，减少单边挂账和记账错误等情况，自动识别同一笔往来款项，自动填制抵销分录，调整合并报表。利用数字化、信息化、自动化手段保障财务核算和报表体系的准确、高效运行，减少人为主观可操作性，减轻财务人员负担。

最后，统一规范系统建设标准。通过制定单位财务数据、单位、部门和政府财务报表等各类数据的导入导出数据格式和标准，实现不同软件开发公司的会计核算系统与财务报告系统之间以及财务报告系统之间的数据共享共用，解决因各级政府在编制财务报告工作中应用不同软件公司的系统，从而出现数据孤岛的问题。

三、建立编制工作的倒逼机制

未来随着改革的深入推进，政府合并财务报表编制将成为一项常态化工作。为确保政府财务报告编制及时、数据准确，报告编制信息能得到充分有效的使用，建议从以下三个方面建立起编制机制。

一是政府合并财务报表是以各个被合并单位的会计报表为基础编制的，单个财务报表的质量与政府合并财务报表的质量密切相关。因此，政府相关部门和监管机构可以从编制政府合并财务报表的源头抓起，建立单位财务报表质量考评机制，并与单位业绩考评、财政预算资金划拨等挂钩。

二是在地方政府层面，要将政府合并财务报表及权责发生制政府综合财务报告作为地方政府业绩考评和发债的重要依据，使外在压力内源化，形成倒逼机制，提高政府合并财务报表的质量。

三是强化政府财务报告编制协作机制。政府财务报告编制不仅是财政部门的职责，更涉及各个预算部门，报告数据的获取和分析需要各部门相互配合完成，财政部门应积极主动与其他预算部门形成编制工作合力，以团队协作的方式共同推进政府财务报告编制工作。

此外，政府合并财务报表在国内尚处于试编阶段，虽然国外有一些可借鉴的经验，但没有完全适合我国国情的现成模式，国内各地经济发展水平、各级政府财政状况差异也很大。在这种情况下，政府合并财务报表试编的过程中，各级财政部门遇到的实际问题如何上报、如何及时有效地分类汇总、谁来进行重难点问题的研究和攻关、经验如何推广等都成为亟待解决的问题。因此，若要将政府综合财务报告作为评价政府履职情况，除了借鉴国外先行国家的经验，还要“摸着石头过河”，遵循“实践—总结—再实践”的原则来寻找答案。

本章小结

政府合并财务报表问题被视为公共部门的“戈尔迪之结”① （Rossi et al.，2016）。公共部门获取资源是为了提供公共服务而不是利润，因而公共部门的目标（环境治理、就业、教育、医疗等）具有公益性、长期性；同时，公共部门具有绩效计量模糊性与复杂性、资金来源的专有性、预算的重要性、运营环境缺少市场控制机制等独有特征，这些决定了与企业相比政府合并财务报表显得更为复杂，需要满足更多利益相关者的多样

① 戈尔迪是古希腊传说中小亚细亚弗里吉亚的国王，他在自己用过的一辆车上打了一个非常复杂的结，神示说能解开此结的人将能统治亚洲，这就是“戈尔迪之结”。现常被喻作缠绕不已、难以厘清的问题。

化诉求。

此外，公共部门的利润受到税收和其他非交换收入的重要影响，然而，它们与成本无法进行配比（IPSASB，2010），因此，公共价值不能仅靠财务报表获取。另外，公共部门仍面临诸多亟须解决的问题，不仅要评估/评价财务可行性、政策规划长期可持续性，还要评价公共部门绩效。政府综合财务报告并没有向政府提供制定政策的处方，也不是控制支出和确保物有所值的主要工具。政府综合财务报表的主要作用是提供政府财政综合状况，特别是对前瞻性负债的反映，具有更多的价值。因此，公共部门合并财务报表是一个具有挑战性的世界研究课题，也是国际准则制定机构和各国政府争议的焦点问题（Cîrstea，2014）。

在我国即将全面开展权责发生制政府综合财务报告编制工作的大趋势下，政府合并财务报表的质量对于政府综合财务报告具有举足轻重的意义和作用。只有结合目前我国政府会计改革的现状，从国际上成功编制政府合并财务报表国家的既有成果中借鉴适用于我国的编制模式，努力解决编制中面临的一系列现实问题和挑战，才能编制出高质量的政府合并财务报表。此外，应尽快建立完善政府综合财务报告的评价指标体系，并将相关指标作为考核各级政府绩效的依据，逐步做到让领导决策“用得上、用得广”，全面发挥政府综合财务报告真正的使用价值。

参考文献

[1] 北京市财政局课题组，王彦，王建英等．政府综合财务报告应用体系研究［J］．预算管理与会计，2016（5）：31-35.

[2] 贝洪俊．关于建立我国政府会计概念框架的设想［J］．财会通讯（学术版），2005（2）：22-25.

[3] 财政部赴澳大利亚考察培训团．澳大利亚政府财务报告制度改革及对我国的启示［J］．预算管理与会计，2009（5）：10-14.

[4] 财政部会计司．欧洲政府会计与预算改革［M］．大连：东北财经大学出版社，2005.

[5] 迈克尔·查特菲尔德．会计思想史［M］．文硕，董晓柏，王骥，等译．上海：立信会计出版社，2017.

[6] 常丽．公共财政框架下的政府财务信息供求分析［J］．财政研究，2011（12）：33-35.

[7] 常丽．公共绩效管理框架下的政府财务绩效报告体系构建研究［J］．会计研究，2013（8）：10-16.

[8] 常丽．我国政府会计确认基础改进的路径选择及实施环节［J］．财政研究，2009（10）：66-68.

[9] 常丽．新公共治理、政府绩效评价与我国政府财务报告的改进［J］．会计研究，2008（4）：19-24.

[10] 常丽．政府财务报告内部控制研究：基于权责发生制改革的视角［J］．会计研究，2016（3）：15-20.

[11] 陈立齐，李建发．国际政府会计准则及其发展评述［J］．会计研究，2003（9）：49-52.

［12］陈立齐，陈穗红．美国政府会计准则研究：对中国政府会计改革的启示［M］．北京：中国财政经济出版社，2009.

［13］陈小悦，陈璇．政府会计目标及其相关问题的理论探讨［J］．会计研究，2005（11）：61-65.

［14］陈振明．评西方的“新公共管理”范式［J］．中国社会科学，2000（6）：73-82.

［15］陈志斌．公共受托责任：政治效应、经济效率与有效的政府会计［J］．会计研究，2003（6）：36-39.

［16］陈志斌．论中国政府会计概念框架的选择［J］．会计研究，2012（2）：65-71.

［17］陈志斌．基于衍生职能界定的政府会计角色定位研究［J］．会计研究，2014（1）：28-34.

［18］陈志斌，李敬涛．政府善治目标的实现与政府会计治理效应［J］．会计研究，2015（5）：13-19.

［19］陈志斌，刘子怡．政府会计准则执行的驱动研究［J］．会计研究，2016（6）：8-14.

［20］陈志斌，周曙光．政府会计国家治理功能的界定研究［J］．会计研究，2017（11）：31-37.

［21］杜思璇．权责发生制在我国政府财务报告中的应用［J］．经济研究参考，2014（53）：4-6.

［22］贺敬平，王森林，杨晓林．权责发生制在我国政府财务会计中的应用：基于海南政府会计改革试点的案例分析［J］．会计研究，2011（6）：42-49.

［23］黄志雄．政府综合财务报告试编阶段问题研究［J］．财政研究，2017（2）：38-50.

［24］高锦萍，潘煜．政府会计透明度及提升路径研究［J］．管理世界，2017（3）：174-175.

［25］姜明．基于公共受托责任视角的政府会计目标优化［J］．山东社会科学，2009（3）：78-80.

[26] 荆新．我国政府会计准则体系的结构与协调问题研究［J］．会计与经济研究，2017，31（1）：20-27.

[27] 李建发，肖华．公共财务管理与政府财务报告改革［J］．会计研究，2004（9）：7-10.

[28] 李建发，张曾莲．基于财务视角的政府绩效报告的构建［J］．会计研究，2009（6）：11-17.

[29] 李建发，张国清．国家治理情境下政府财务报告制度改革问题研究［J］．会计研究，2015（6）：8-17.

[30] 李建发，张津津，张国清，等．基于制度理论的政府会计准则执行机制研究［J］．会计研究，2017（2）：3-13.

[31] 李建发，赵军营．权责发生制政府综合财务报告制度下政府合并财务报表编制问题研究［J］．财政研究，2016（12）：2-13.

[32] 李建发．论改进我国政府会计与财务报告［J］．会计研究，2001（6）：9-16.

[33] 李建发．政府会计论［M］．厦门：厦门大学出版社，1999.

[34] 李敬涛，陈志斌．国家治理现代化视阈下的政府会计治理效应［J］．西安交通大学学报（社会科学版），2016（2）：40-46.

[35] 李兰，景宏军．我国政府财务报告目标研究［J］．学术交流，2008（7）：122-125.

[36] 李宗彦，郝书辰．财政治理视角下的政府财务报告改革——英国的经验与启示［J］．财政研究，2017（9）：27-39.

[37] 刘福东，李建发．国外大学财务报告的对比与借鉴——基于美、英、澳、新西兰四国大学年报的分析［J］．教育财会研究，2011（1）：54-59.

[38] 刘福东．服务型政府财务报告的形成动因与技术融合——基于全面深化改革的前瞻［J］．中国矿业大学学报（社会科学版），2015（1）：62-68.

[39] 刘光忠．关于推进我国政府会计改革的若干建议［J］．会计研究，2010（12）：11-16.

［40］刘笑霞．国外政府财务报告的发展及其启示［J］．经济问题探索，2008（10）：155-160.

［41］娄洪．扎实推进权责发生制政府综合财务报告制度改革［J］．预算管理与会计，2015（8）：29-31.

［42］楼继伟．政府预算与会计的未来［M］．北京：中国财政经济出版社，2002.

［43］路军伟，李建发．政府财务报告模式的反思与重构：基于价值法与事项法比较的视角［J］．厦门大学学报（哲学社会科学版），2010（6）：28-34.

［44］路军伟，李建发．政府会计改革的公共受托责任视角解析［J］．会计研究，2006（12）：14-19.

［45］路军伟，田五星．政府会计改革：驱动因素与变革效率——基于政治伦理、市场逻辑与组织行为的视角［J］．会计研究，2014（2）：20-26.

［46］路军伟，于国旺．政府会计的双轨制现象及成因研究：基于契约理论视角［J］．会计研究，2015（12）：31-37.

［47］路军伟．我国政府会计改革取向定位与改革路径设计：基于多重理论视角［J］．会计研究，2010（8）：62-68.

［48］欧阳宗书，狄愷，张娟，等．美国、加拿大政府会计改革的有关情况及启示［J］．会计研究，2013（11）：3-7.

［49］A. 普雷姆詹德．有效的政府会计［M］．应春子，张坤，刘艳霞，译．北京：中国金融出版社，1996.

［50］吕长敏．权责发生制政府综合财务报告编制方法探索［J］．预算管理与会计，2015（8）：32-36.

［51］美国政府财务官协会．政府会计、审计和财务报告［M］．财政部国库司，译．北京：经济科学出版社，2011.

［52］美国政府会计准则委员会．美国州和地方政府会计与财务报告准则汇编［M］．马如雪，刘颖，陈胜群，译．北京：人民出版社，2004.

［53］欧文·E. 休斯．公共管理导论［M］．张成福，马子博，等译．北京：中国人民大学出版社，2015.

[54] 潘琰，蔡高锐．完善与发展我国政府财务报告体系的思考：基于政府财务报告与 GFS、SNA 比较的新视角［J］．财政研究，2016（6）：66-77.

[55] 戚艳霞，荆新．政府会计确认基础对财政透明度影响的跨国实证分析［J］．财经论丛，2016（1）：29-37.

[56] 戚艳霞，王鑫，赵建勇．权责发生制、会计透明度和政府绩效管理［J］．财政研究，2008（5）：60-62.

[57] 齐守印，苑雪芳．关于我国建立政府财务报告制度若干问题的理论思考［J］．财政研究，2015（3）：58-64.

[58] 全国预算与会计研究会总课题组．权责发生制政府综合财务报告制度建设若干重要问题的研究（中）［J］．预算管理与会计，2016（3）：12-15.

[59] 石英华．政府综合财务报告制度背后的逻辑［J］．地方财政研究，2016（1）：52-55.

[60] 孙琳，陈舒敏．债务风险、财政透明度和记账基础选择：基于国际经验的数据分析［J］．管理世界，2015（10）：132-143.

[61] 孙琳，方爱丽．财政透明度、政府会计制度和政府绩效改善——基于 48 个国家的数据分析［J］．财贸经济，2013（6）：22-32.

[62] 孙琳．政府会计改革和政府善治：理论、机制和国际经验［J］．财经智库，2017（3）：118-136.

[63] 田五星，李建发，张国清．国家善治导向的政府综合财务报告改革——印尼的经验与借鉴［J］．厦门大学学报（哲学社会科学版），2017（3）：57-66.

[64] 王虹．基于“圈层分类”的政府综合财务报告框架与报表合并路径研究［J］．四川大学学报（哲学社会科学版），2018（1）：139-146.

[65] 王惠平．推进政府会计改革、编制政府综合财务报告的思考和建议［J］．中国财政，2014（17）：9-11.

[66] 汪敏达，陈志斌．政府会计提升政府治理效能的机制研究：信念革新，技术变革与制度支撑［J］．中央财经大学学报，2017（10）：57-64.

［67］王庆东，常丽．新公共管理与政府财务信息披露思考［J］．会计研究，2004（4）：73-76.

［68］王庆东，常丽．政府财务报告改革导向及其实现机制探索［J］．会计研究，2007（3）：88-90.

［69］王祥君，周荣青．政府财务报表审计与政府会计改革：协同与路径设计：基于国家治理视角［J］．审计研究，2014（6）：57-62.

［70］王彦，王建英，赵西卜．政府会计中构建二元结构会计要素的研究［J］．会计研究，2009（4）：24-30.

［71］王雍君．权责基础政府财务报告的意义与局限性［J］．中国财政，2014（17）：14-16.

［72］肖鹏．基于防范财政风险视角的中国政府会计改革探讨［J］．会计研究，2010（6）：20-25.

［73］徐曙娜．公共支出过程中的委托代理关系［J］．财经问题研究，2005（1）：11-15.

［74］应唯，张娟，杨海峰．政府会计准则体系建设中的相关问题及研究视角［J］．会计研究，2016（6）：3-7.

［75］余应敏，王曼虹．基于财政透明度视角的政府财务报告初探［J］．中央财经大学学报，2010（1）：1-6.

［76］章贵桥．政府会计功能、国家善治与政治信任［J］．会计研究，2017（12）：19-23.

［77］张娟．政府会计与企业会计：概念框架差异与启示：基于IPSASB 与 IASB 最新研究成果的分析［J］．会计研究，2010（3）：78-85.

［78］张连江，吕炜．论政府会计的记账主体与报告主体［J］．四川会计，2003（7）：9-11.

［79］张琦．经济危机催生政府会计权责发生制改革：基于中美政府会计改革动因的比较［J］．中南财经政法大学学报，2009（6）：45-50.

［80］张琦．论绩效评价导向政府会计体系的构建［J］．会计研究，2006（4）：3-8.

［81］张琦，张娟．供求矛盾、信息决策与政府会计改革：兼评我国公

共领域的信息悖论［J］. 会计研究，2012（7）：24-31.

［82］张月玲 . 政府会计概念框架构建研究［M］. 北京：光明日报出版社，2009.

［83］张曾莲 . 政府综合财务报告改革促进政府治理能力提升研究：基于 30 个国家的实证分析［J］. 经济问题，2017（2）：111-116.

［84］赵爱玲，张婧玲 . 构建适应我国公共财政的政府财务报告体系研究［J］. 甘肃社会科学，2011（2）：195-198.

［85］赵建勇 . 关于中国预算会计若干问题的思考［J］. 上海财经大学学报，2002（2）：29-36.

［86］赵西卜，王建英，王彦，等 . 政府会计信息有用性及需求情况调查报告［J］. 会计研究，2010（9）：9-16.

［87］周曙光，陈志斌 . 实施政府会计准则的预期效应研究［J］. 财政研究，2017（9）：40-46.

［88］ABUBAKAR，N. B.，SALEH，Z. Review of Literature on Factors Influencing Public Sector Disclosure：The Way Forward［J］. Asian Journal of Business and Accounting，2015（8）：155-184.

［89］ADAM，B.，MUSSARI，R.，JONES. R. The Diversity of Accrual Policies in Local Government Financial Reporting：An Examination of Infrastructure，Art and Heritage Assets in Germany，Italy and the UK［J］. Financial Accountability & Management，2011，27（2）：107-133.

［90］ALFREDSON，K.，LEO，K.，PICKER，R. Applying International Financial Reporting Standards［J］. Journal of International Accounting Research，2012，9（2）：70-71.

［91］AIKEN，M.，MCCRAE，M. Full Cost Pricing and Public Sector Reporting：Alleviatin Gun Disclosed Short-run Measurement Biases of User to Pay Policies［J］. Financial Accountability and Management，1992，8（1）：13-34.

［92］ANDREEA，C.，STEFAN，C.，BOGDAN，M. Consolidated Financial Statements—Ipsas Vs Ifrs［J］. Revista Economica，2015，67（2）：

190-198.

[93] ANDRESEN, J. A. Public Versus Private Managers: How Public and Private Managers Differ in Leadership Behavior [J]. Public Administration Review, 2010, 70 (1): 131-141.

[94] ANESSI-PESSINA, E., NASI, G., and Steccolini, I. Accounting Reforms: Determinants of Localgovernments Choices [J]. Financial Accountability & Management, 2008, 24 (3): 321-342.

[95] ARGENTO, D., GROSSI, G., VOLLENWEIDER, P. Explaining the Consolidation of Financial Statementsin the Swiss Federal Government [J]. Journal of High Energy Physics, 2013, 4 (4): 529-533.

[96] AVERSANO, N., CHRISTIAENS, J. Governmental Financial Reporting of Heritage Assets from A User Needs Perspective [J]. Financial Accountability & Management, 2014, 30 (2): 150-174.

[97] AVERSANO, N., FERRONE, C. The Accounting Problem of Heritage Assets [J]. Advanced Research in Scientific Areas, 2012, 3 (7): 574-578.

[98] BABATUNDE, S. A. The Effects of Adoption of Accrual-based Budgeting on Transparency and Accountability in the Nigerian Public Sector [J]. International Journal of Governmental Financial Management, 2013, 13 (1): 15-35.

[99] BALL, I., PFLUGRATH, G. Government Accounting, Making Enron Look Good [J]. World Economics, 2012 (13): 9-26.

[100] BARTON, A. Public and Private Sector Accounting —The Non-identical Twins [J]. Australian Accounting Review, 1999, 12 (3): 22-31.

[101] BARTON, A. D. Accounting for Public Heritage Facilities—Assets or Liabilities of the Government? [J]. Accounting, Auditing & Accountability Journal, 2000, 13 (2): 219-236.

[102] BARTON, A. The Conceptual Arguments Concerning Accounting for Public Heritage Assets: A note [J]. Accounting, Auditing & Accounta-

bility Journal, 2005, 18 (3): 434-440.

[103] BARTON, A. Why Governments Should Use the Government Finance Statistics Accounting System [J]. Abacus, 2011, 47 (4): 411-445.

[104] BASNAN, N., SALLEH, M. F. M., et al. Challenges in Accounting for Heritage Assets and the Way Forward: Towards Implementing Accrual Accounting in Malaysia [J]. Malaysian Journal of Society and Space, 2015, 11 (11): 63 -73.

[105] BELLANCA, S., CULTRERA, L., VERMEYLEN, G. Analysis of Public Accounting Systems in the European Union [J]. Research in World Economy, 2015, 6 (3): 23-35.

[106] BELLANCA, S., VANDERNOOT, J. Analysis of Belgian Public Accounting and Its Compliance with International Public Sector Accounting Standards (IPSAS) 1, 6 and 22 [J]. International Journal of Business & Management, 2013, 8 (9): 122-133.

[107] BENITO, B., BRUSCA, I., MONTESINOS, V. The Harmonization of Government Financial Information Systems: The Role of the IPSASs [J]. International Review of Administrative Sciences, 2007, 73 (2): 293-317.

[108] BERGMANN, A. The Influence of the Nature of Government Accounting and Reporting in Decision-making: Evidence from Switzerland [J]. Public Money and Management, 2012, 32 (1): 15-20.

[109] BERGMANN, A., BIETENHADER, D. Debate: Efforts to Encourage Consultation in Switzerland Should Focus on Laissez-fair Cities [J]. Public Money & Management, 2009, 29 (4): 213-215.

[110] BERGMANN, A., GROSSI, G., RAUSKALA, I., et al. Consolidation in the Public Sector: Methods and Approaches in Organisation for Economic Cooperation and Development Countries [J]. International Review of Administrative Sciences, 2015, 82 (3): 763-783.

[111] BIANCONE, P. P., SECINARO, S. Public Local Group: The Fi-

nancial Statement Effects of Adopting the International Public Sector Accounting Standards (Thecase of Italy) [J]. International Business and Management, 2015, 10 (2): 1-5.

[112] BIONDI, Y. Accounting Representations of Public Debt and Deficits in European Central Government Accounts: An Exploration of Anomalies and Contradictions [J]. Accounting Forum, 2016, 40 (3): 205-219.

[113] BIONDI, Y. The HM Treasure's Island: The Application of Accruals Based Accounting Standards in the UK Government [J]. Accounting in Europe, 2016, 13 (1): 81-102.

[114] BIRD, F. A., DAVIDSON, L. F., SMITH, C. H. Perceptions of External Accounting Transfers Under Entity and Proprietary Theory [J]. Accounting Review, 1974, 49 (2): 233-244.

[115] BISOGNO, M., SANTIS, S., TOMMASETTI, A. Public Sector Consolidated Financial Statements: An Analysis of the Comment Letters on IPSASB's Exposure Draft No. 49 [J]. International Journal of Public Administration, 2015, 38 (4): 311-324.

[116] BOGT, H., HELDEN, G. J. Accounting Change in Dutch Government: Exploring the Gap Between Expectations and Realizations [J]. Management Accounting Research, 2000, 11 (2): 263-279.

[117] BONOLLO, E., LAZZINI, S., MERLI, M. Z. Innovations in Accounting Information System in the Public Sector. Evidences from Italian Public Universities [M]. Strengthening Information and Control Systems, Springer, 2016.

[118] BROADBENT, J., DIETRICH, M., LAUGHLIN, R. The Development of Principal-agent, Contracting and Accountability Relationships in the Public Sector: Conceptual and Cultural Problems [J]. Critical Perspectives on Accounting, 1996, 7 (4): 259-284.

[119] BROADBENT, J., GUTHRIE, J. Public Sector to Public Services: 20 Years of Contextual Accounting Research [J]. Accounting,

Auditing, and Accountability Journal, 2008, 21 (2): 129-169.

[120] BROADBENT, J., JACOBS, K., LAUGHLIN, R. Organisational Resistance Strategies to Unwanted Accounting and Finance Changes [J]. Accounting, Auditing and Accountability Journal, 2001, 14 (5): 565-586.

[121] BROADBENT, J., LAUGHLIN, R. Resisting the New Public Management Absorption and Absorbing Groups in Schools and GP Practices in the UK [J]. Accounting, Auditing and Accountability Journal, 1998, 11 (4): 403-435.

[122] BROMWICH, M., LAPSLEY, I. Decentralisation and Management Accounting in Central Government: Recycling Old Ideas? [J]. Financial Accountability & Management, 1997, 13 (2): 181-201.

[123] BRUSCA, I., CONDOR, V. Towards the Harmonisation of Local Accounting Systems in the International Context [J]. Financial Accountability & Management, 2002, 18 (2): 129-162.

[124] BRUSCA, I., CAPERCHIONE, E., COHEN, S., et al. Public Sector Accounting and Auditing in Europe [M]. London: Palgrave Macmillan UK, 2015.

[125] BRUSCA, I., MARTINEZ, J. C. Adopting International Public Sector Accounting Standards: A Challenge for Modernizing and Harmonizing Public Sector Accounting [J]. International Review of Administrative Sciences, 2016, 82 (4): 724-744.

[126] BRUSCA, I., MONTESINOS, V. Arecitizens Significant Users of Government Financial Information? [J]. Public Money & Management, 2006, 26 (4): 205-209.

[127] BRUSCA, I., MONTESINOS, V. International Experiences in Whole of Government Financial Reporting: Lesson-drawing for Spain [J]. Public Money & Management, 2009, 29 (4): 243-250.

[128] BRUSCA, I., MONTESINOS, V., CHOW, D. S. L. Legitimating International Public Sector Accounting Standards (IPSAS): The case of Spain [J]. Public Money Manage, 2013, 33 (6): 437-444.

[129] BUREAU, B. C. H. Beijing Municipal Measures for the Regulation of Discretionary Administrative Penalties Imposed by Cultural Heritage Administrative Departments [J]. Chinese Law & Government, 2016, 48 (3): 264-267.

[130] BUSBY, C., ROBSON, W. B. By the Numbers: The Fiscal Accountability of Canada's Senior Governments [J]. CD Howe Institute Commentary, 2015, 42 (7): 1-12.

[131] CAPERCHIONE, E., LAPSLEY, I. Making Comparisons in Government Accounting [J]. Financial Accountability & Management, 2011, 27 (2): 103-106.

[132] CARINI, C., TEODORI, C. Potential Uses and Usefulness of Italian Local Government Consolidated Financial Reporting: The Case of the Town Council of Brescia [M]. Hershay PA, USA: IGI Global, 2016.

[133] CARLIN, T. M. Debating the Impact of Accrual Accounting and Reporting in the Public Sector [J]. Financial Accountability & Management, 2005, 21 (3): 309-336.

[134] CARLIN, T. M. Victoria's Accrual Output Based Budgeting System: Delivering As Promised? [J]. Financial Accountability & Management, 2006, 22 (1): 1-19.

[135] CARPENTER, V. L., FEROZ, E. H. Institutional Theory and Accounting Rule Choice: An Analysis of Four US State Governments' Decisions to Adopt Generally Accepted Accounting Principles [J]. Accounting, Organizations and Society, 2001, 26 (7): 565-596.

[136] CAPERCHIONE, E., SALVATORI, F. Rethinking the Relationship Between Local Government and Financial Markets [J]. Public Money & Management, 2012, 32 (1): 21-25.

[137] CHAN, J. L. Government Accounting: An Assessment of Theory, Purposes and Standards [J]. Public Money & Management, 2003, 23 (1): 13-20.

[138] CHOI, S. S., CHA, S. H, TAPPERT, C. C. A Survey of Binary Similarity and Distance Measures [J]. Journal of Systemics Cybernetics & Informatics, 2010, 8 (1): 43-48.

[139] CHOW, S., HUMPHREY, C., MOLL, J. Developing Whole of Government Accounting in the UK: Grand Claims, Practical Complexities and A Suggested Future Research Agenda [J]. Financial Accountability & Management, 2007, 23 (1): 27-54.

[140] CHRISTENSEN, M., SKÆRBÆK, P. Consultancy Outputs and the Purification of Accounting Technologies [J]. Accounting Organizations & Society, 2010, 35 (5): 524-545.

[141] CHRISTIAENS, J. Symposium on Local Government Accounting Reforms in Europe: Introduction [J]. Journal of Public Budgeting, 2002, 14 (4): 560-564.

[142] CHRISTIAENS, J. Capital Assets in Governmental Accounting Reforms: Comparing Flemish Technical Issues with International Standards [J]. European Accounting Review, 2004, 13 (4): 743-770.

[143] CHRISTIAENS, J., VAB CAWENBERGE, P., ROMMEL, J. Debate: IPSAS 6 and 22: New Standards for Whole of Government Accounting? [J]. Public Money and Management, 2009, 29 (4): 216-218.

[144] CHRISTIAENS, J., REYNIERS, B., ROLLÉ, C. Impact of IPSAS on Reforming Governmental Financial Information Systems: A Comparative Study [J]. International Review of Administrative Sciences, 2010, 76 (3): 537-554.

[145] CHRISTIAENS, J., ROMMEL, J., BARTON, A., et al. Should All Capital Goods of Governments be Recognized as Assets in Financial Accounting? [J]. Baltic Journal of Management, 2012, 7 (4): 429-443.

[146] CHRISTIAENS, J., VANHEE, C., MANES-ROSSI, F., et al. The Effect of IPSAS on Reforming Governmental Financial Reporting: An International Comparison [J]. International Review of Administrative Sciences,

2015, 81 (1): 158-177.

[147] CHRISTOPHER, H. Should the Federal Government Continue Its Pursuit of Proprietary Financial Statements? [J]. Journal of Government Financial Management, 2014, 63 (1): 12-17.

[148] CÎRSTEA, A. The Need for Public Sector Consolidated Financial Statements [J]. Procedia Economics and Finance, 2014 (15): 1289-1296.

[149] CÎRSTEA, A., AND CIRSTEA, S. D. A Brief Analysis of Public Sector Consolidated Financial Statements Researches [J]. Annals-Economy Series, 2015 (6): 93-99.

[150] CÎRSTEA, S., CIRSTEA, A. Similarity or Dis Similarity Between Public and Private Sector Standards Regarding Consolidated Reporting? [J]. Annals-Economy Series, 2015 (4): 48-52.

[151] CÎRSTEA, A., NISTOR, C. S., TUDOR, A. T. Consolidated Financial Statements: A New Challenge for the Public Sector Administration [J]. Journal of Economic & Administrative Sciences, 2017, 33 (1): 43-65.

[152] CÎRSTEA, A, NISTOR, C. S., and TUDOR, A. T. Consolidated financial statements-a new challenge for the public sector administration. Journal of Economic & Administrative Sciences, 2017, 33 (1): 46-65.

[153] COHEN, S., KAIMENAKI, E., ZORGIOS, Y. Assessing IT As A Key Success Factor for Accrual Accounting Implementation in Greek Municipalities [J]. Financial Accountability & Management, 2007, 23 (1): 91-111.

[154] COHEN, S., KARATZIMAS, S. Modernizing Government Accounting Standards in Greece: A Case of Garbage Can Decision-making [J]. Public Money & Management, 2016, 36 (3): 173-180.

[155] CONNOLLY, C., HYNDMAN, N. The Actual Implementation of Accruals Accounting: Caveats from A Case Within the UK Public Sector [J]. Accounting, Auditing & Accountability Journal, 2006, 19 (2): 272-290.

[156] COVALESKI, M. A., DIRSMITH, M. W., SAMUEL, S. Changes in the Institutional Environment and the Institutions of Governance: Extending the

Contributions of Transaction Cost Economics Within the Management Control Literature [J]. Accounting Organizations & Society, 2003, 28 (5): 417-441.

[157] CRISAN, A. R. , FÜLÖP, M. T. An Analysis of the International Proposals for Harmonization Accounts Statement and Government Finance Statistics [J]. Journal of Accounting & Management Information Systems, 2014, 13 (4): 800-819.

[158] DANIELS, J. D. , DANIELS, C. E. Municipal Financial Reports: What Users Want? [J]. Journal of Accounting & Public Policy, 1991, 10 (1): 15-38.

[159] DASÍ, R. M. , MONTESINOS, V. , MURGUI, S. Government Financial Statistics and Accounting in Europe: Is ESA 2010 Improving Convergence? [J]. Public Money & Management, 2016, 36 (3): 165-172.

[160] DAVID, H. , GEORGIOU, G. Consolidation Principles and Practices for the UK Government Sector [J]. Accounting & Business Research, 2000, 30 (2): 153-167.

[161] DAVIS, N. , BISMAN, J. E. Annual Reporting by An Australian government Department: A Critical Longitudinal Study of Accounting and Organisation Change [J]. Critical Perspectives on Accounting, 2014 (27): 129-143.

[162] RIBEIRO, P. L. M. , PEREIRA, J. R. , BENEDICTO, G. C. The Role of Accounting in Public Governance Process [J]. African Journal of Business Management, 2013, 7 (29): 2905-2915.

[163] DING, Y. , HOPE , O. , JEANJEAN, T. , STOLOWY, H. Differences Between Domestic Accounting Standards and IAS: Measurement, Determinants and Implications [J]. Journal of Accounting and Public Policy, 2007, (26): 1-38.

[164] DUMAY, J. , BERNARDI, C. , GUTHRIE, J. Integrated Reporting: A Structured Literature Review [J]. Accounting Forum, 2016, 40 (3): 166-185.

[165] ELLWOOD, S., NEWBERRY, S. Public Sector Accrual Accounting: Institutionalising Neo-liberal Principles? [J]. Accounting, Auditing & Accountability Journal, 2007, 20 (4): 549-573.

[166] EZZAMEL, M., HYNDMAN, N., JOHNSEN, A., et al. Conflict and Rationality: Accounting in Northern Ireland's Devolved Assembly [J]. Financial Accountability & Management, 2005, 21 (1): 33-55.

[167] EZZAMEL, M., HYNDMAN, N., JOHNSEN, A., et al. Experiencing Institutionalization: The Development of New Budgets in the UK Devolved Bodies [J]. Accounting Auditing & Accountability Journal, 2007, 20 (1): 11-40.

[168] FONTES, A., RODRIGUES, L. L., CRAIG, R. Measuring Convergence of National Accounting Standards with International Financial Reporting Standards [J]. Accounting Forum, 2005, 29 (4): 415-436.

[169] FRIEDMAN, A. L, MILES, S. Developing Stakeholder Theory [J]. Journal of Management Studies, 2002, 39 (1): 1-21.

[170] GALERA, A. N., BOLÍVAR, M. P. R. Modernizing Governments in Transitional and Emerging Economies Through Financial Reporting Based on Internation Standards [J]. International Review of Administrative Sciences, 2011, 77 (3): 609-640.

[171] GARDINI, S., GROSSI, G. Voluntary Adoption of the Consolidated Financial Statement and Fair Value Accounting by Italian Local Governments [J]. Journal of Public Budgeting, Accounting and Financial Management, 2014, 26 (2): 313-344.

[172] GIOSI, A., BRUNELLI, S., CAIFFA, M. Do Really Accrual Numbers Affect the Financial Market?: An Empirical Analysis of ESA Accounts Across EU [J]. International Journal of Public Administration, 2015, 38 (4): 297-310.

[173] GIROUX, G., MCLELL, A. J. Governance Structures and Accounting at Large Municipalities [J]. Journal of Accounting and Public Policy,

2003 (22): 203-230.

[174] GIUSEPPE, G., ASSOC, P., ILEANA, STECCOLINI, P., et al. Accounting, Transparency and Governance: The Heritage Assets Problem [J]. Qualitative Research in Accounting & Management, 2014, 11 (2): 146-164.

[175] GODDARD, A. Reform as Regulation-accounting, Governance and Accountability in UK Local Government [J]. Journal of Accounting & Organizational Change, 2005, 1 (1): 27-44.

[176] GOMES, P., FERNANDES, M. J., CARVALHO, J. B. The International Harmonization Process of Public Sector Accounting in Portugal: The Perspective of Different Stakeholders [J]. International Journal of Public Administration, 2015, 38 (4): 268-281.

[177] GRAVES, N., DOLLERY, B., KORTT, M. A. Financial Health in Australian Local Government: The Application of A Funding Assessment Model to Brisbane and Sydney City Councils [J]. International Journal of Public Administration, 2016, 39 (4): 303-322.

[178] GROSSI, G. New Development: Consolidated Financial Reporting as A Stimulus for Change in Italian Local Government [J]. Public Money & Management, 2009, 29 (4): 261-264.

[179] GROSSI, G., BERGMANN, A., RAUSKALA, I., et al. Applying the Equity Method as A Means of Consolidation in the Public Sector: Experiences in OECD Countries [J]. Journal of Commerce and Management, 2013 (16): 95-115.

[180] GROSSI, G., MORI, E., BARDELLI, F. From Consolidation to Segment Reporting in Local Government: Accountability Needs, Accounting Standards, and the Effect on Decision-makers [J]. Journal of Modern Accounting and Auditing, 2014, 10 (1): 32-46.

[181] GROSSI. G., NEWBERRY, S. Theme: Whole of Government Accounting International Trends [J]. Public Money & Management, 2009, 29 (4): 209-218.

[182] GROSSI, G., PEPE, F. Consolidation in the Public Sector: A Cross-country Comparison [J]. Public Money & Management, 2009, 29 (4): 251-256.

[183] GROSSI, G. REICHARD, C. Municipal Corporatization in Germany and Italy [J]. Public Management Review, 2008 (10): 597-617.

[184] GROSSI, G., SOVERCHIA, M. European Commission Adoption of IPSAS to Reform Financial Reporting [J]. Abacus, 2011 (47): 525-552.

[185] GROSSI, G., STECCOLINI, I. Pursuing Private or Public Accountability in the Public Sector? Applying IPSASs to Define the Reporting Entity in Municipal Consolidation [J]. International Journal of Public Administration, 2015, 38 (4): 325-334.

[186] GUTHRIE, J. Application of Accrual Accounting in the Australian Public Sector: Rhetoric or Reality? [J]. Financial Accountability & Management, 1998, 14 (1): 1-19.

[187] HALDMA, T., NSI, S., GROSSI, G. Should All Capital Goods of Governments be Recognised as Assets in Financial Accounting? [J]. Baltic Journal of Management, 2012, 7 (4): 429-443.

[188] HEALD, D., GEORGIOU, G. Consolidation Principles and Practices for the UK Government Sector [J]. Accounting & Business Research, 2000, 30 (2): 153-167.

[189] HEALD, D., GEORGIOU, G. The Macro-fiscal Role of the UK Whole of Government Account [J]. Abacus, 2011, 47 (4): 446-476.

[190] HEALD, D., GEORGIOU, G. Whole of Government Accounts Developments in the UK: Conceptual, Technical and Timetable Issues [J]. Public Money & Management, 2009, 29 (4): 219-227.

[191] HEALD, D., HODGES, R. Will "Austerity" be A Critical Juncture in European Public Sector Financial Reporting? [J]. Accounting Auditing & Accountability Journal, 2015, 28 (6): 993-1015.

[192] HEILING, J., SCHüHRER, S., CHAN, J. L. New Develop-

ment: Towards A Grand Convergence? International Proposals for Aligning Government Budgets, Accounts and Finance Statistics [J]. Public Money & Management, 2013, 33 (4): 1060-1074.

[193] HENDRIKSEN, E. S., VAN BREDA, M. F. Accounting theory [M]. New York McGraw-Hill, 2001.

[194] HEPWORTH, N. Is Implementing the IPSASs an Appropriate Reform? [J]. Public Money & Management, 2017, (2): 141-148.

[195] HODGES, R., MELLETT, H. The UK Private Finance Initiative: An Accounting Retrospective [J]. The British Accounting Review, 2012, 44 (4): 235-247.

[196] HONE, P. The Financial Value of Cultural, Heritage and Scientific Collections: A Public Management Necessity [J]. Australian Accounting Review, 1997, 7 (13): 38-43.

[197] HOPWOOD, A. Accounting and Organization Change [J]. Accounting, Auditing and Accountability Journal, 1990, 3 (1): 7-17.

[198] HOOD, C. A Public Management for All Seasons? [J]. Public Administration, 1991, 69 (1): 3-19.

[199] HOPWOOD, A. G., AND MILLER, P. Accounting as Social and Institutional Practice [J]. Cambridge Books, 1994, 25 (1): 151-154.

[200] HOOPER, K., KEARINS, K., GREEN, R. Knowing "the Price of Everything and the Value of Nothing": Accounting for Heritage Assets [J]. Accounting, Auditing & Accountability Journal, 2005, 18 (3): 410-433.

[201] HOSSAN, C. Applicability of Lewin's Change Management Theory in Australian Local Government [J]. International Journal of Business and Management, 2015, 10 (6): 53-65.

[202] HUMPHREY, C., MILLER, P., SCAPENS, R. Accountability and Accountable Management in the UK Public Sector [J]. Accounting, Auditing and Accountability Journal, 1993, 6 (3): 7-29.

[203] HYNDMAN, N., CONNOLLY, C. Accruals Accounting in the

Public Sector: A Road not Always Taken [J]. Management Accounting Research, 2011, 22 (1): 36–45.

[204] HYNDMAN, N. Accrual Accounting, Politicians and the UK: With the Benefit of Hindsight [J]. Public Money & Management, 2016, 36 (7): 477–479.

[205] IBANICHUCKA, E., ACA, O. A Critique on Cash Basis of Accounting and Budget Implementation in Nigeria [J]. Eur J Acc Auditing Financ Res, 2014, 2 (3): 69–83.

[206] IRWIN, T. C. Defining the Government's Debt and Deficit [J]. Journal of Economic Surveys, 2015, 29 (4): 711–732.

[207] JAGALLA, T., BECKER, S. D., WEBER, J. A Taxonomy of the Perceived Benefits of Accrual Accounting and Budgeting: Evidence from German States [J]. Financial Accountability & Management, 2011, 27 (2): 134–165.

[208] JOHNSON, C .L., KIOKO, S. N., HILDRETH, W. B. Government Wide Financial Statements and Credit Risk [J]. Public Budgeting & Finance, 2012, 32 (1): 80–104.

[209] JONES, R. Learning from James M. Buchanan: Challenges for National Government Accounting [J]. Research in Governmental and Nonprofit Accounting, 1992 (7): 147–57.

[210] JONES, R., CARUANA, J. EPSAS–Worrying the Wrong End of the Stick? [J]. International Journal of Public Administration, 2015, 38 (4): 240–252.

[211] JONES, R., CARUANA, J. A Perspective on the Proposal for European Public Sector Accounting Standards, in the Context of Accruals in UK Government Accounting [J]. Accounting, Economics and Law, 2014, 4 (3): 265–282.

[212] JONES, R., LANDE, E., LÜDER, K. A Comparison of Budgeting and Accounting Reforms in the National Governments of France, Germany, the UK and the US [J]. Financial Accountability & Management, 2013, 29

(4): 419–441.

[213] JONES, R. Measuring and Reporting the Nation's Finances: Statistics and Accounting [J]. Public Money & Management, 2003, 23 (1): 21–28.

[214] JONES, S. Current Issues in Public Sector Consolidated Financial Reporting [J]. Abacus, 2011, 47 (4): 1–3.

[215] JOSEPH, D. Why We Need Accrual Accounting in Washington [J]. The Journal of Government Financial Management, 2014, 63 (1): 44–48.

[216] JOVANOVIC, T. Public Sector Accounting in Slovenia and Croatia [J]. Croatian & Comparative Public Administration, 2015, 15 (4): 791–814.

[217] KOBAYASHI, M., YAMAMOTO, K., ISHIKAWA, K. The Usefulness of Accrual Information in Non Mandatory Environments: The Case of Japanese Local Government [J]. Australian Accounting Review, 2016, 26 (2): 153–161.

[218] KOBER, R., LEE, J., NG, J. Mind Your Accruals: Perceived Usefulness of Financial Information in the Australian Public Sector Under Different Accounting Systems [J]. Financial Accountability & Management, 2010, 26 (3): 267–298.

[219] KUHLMANN, S. New Public Management for the Classical Continental European Administration: Modernization at the Local Level in Germany, France and Italy [J]. Public Administration, 2010, 88 (4): 1116–1130.

[220] LANDRIANI, L., POZZOLI, M. Management and Valuation of Heritage Assets: A Comparative Analysis Between Italy and USA [M]. Berlin: Springer Science & Business Media, 2013.

[221] LAPSLEY, I. Accounting and New Public Management: Instruments of Substantive Efficiency or A Rationalising Modernity? [J]. Financial Accountability & Management, 1999 (15): 2–17.

[222] LAPSLEY, I., MUSSARI, R., PAULSSON, G. On the Adoption of Accrual Accounting in the Public Sector: A Self-evident and Problem-

atic Reform [J]. European Accounting Review, 2009, 18 (4): 719-723.

[223] LAPSLEY, I., OLDFIELD, R. Transforming the Public Sector: Management Consultants as Agentsof Change [J]. European Accounting Review, 2001, 10 (3): 523-543.

[224] LAUGHLIN, R. C. Accounting Systems in Organisational Contexts: A Case for Critical Theory [J]. Accounting Organizations & Society, 2006, 12 (5): 479-502.

[225] LAUGHLIN. R. A. Conceptual Framework for Accounting For Public Benefitentities [J]. Public Money & Management, 2008, 28 (4): 247-254.

[226] LEE, J., AND FISHER, G. Infrastructure Assets Disclosure in Australian Public Sector Annual Reports [J]. Accounting Forum, 2004, 28 (4): 349-368.

[227] LOMBRANO, A., ZANIN, L. IPSAS and Local Government Consolidated Financial Statements: Proposal for A Territorial Consolidation Method [J]. Public Money & Management, 2013, 33 (6): 429-436.

[228] LOURENÇO, R. P., MOURA, P., JORGE, S., et al. Online Transparency for Accountability: On Eassessing Model and Two Applications [J]. Electronic Journal of Government, 2010, 11 (2): 280-292.

[229] LÜDER, K. G. A Contingency Model of Governmental Accounting Innovations in the Political Administrative Environment [J]. Research in Government and Nonprofit Accounting, 1992 (7): 99-127.

[230] LÜDER, K. National Accounting, Governmental Accounting and Cross country Comparisons of Government Financial Condition [J]. Financial Accountability & Management, 2000, 16 (2): 117-128.

[231] LÜDER, K., CLAUS, G., ROWEN, J. Reforming Governmental Accounting and Budgeting in Europe [M]. Frankfurt: Fachverlag Moderne Wirtschaft, 2003.

[232] MACK, J., RYAN, C. Reflections on the Theoretical Underpinnings of the General Purpose Financial Reports of Australian Government De-

partments [J]. Accounting, Auditing & Accountability Journal, 2006, 19 (4): 592-612.

[233] MANES, R. F., AVERSANO, N., CHRISTIAENS, J. Ipsasb's Conceptual Framework: Coherence with Accounting Systems in European public Administrations [J]. International Journal of Public Administration, 2014, 37 (8): 456-465.

[234] MARQUES, M., MANO, M. Consolidation of Accounts of Public Groups: The Case of Portuguese Public Universities [J]. Journal of Finance & Accountancy, 2010, 3 (1): 1-14.

[235] MARTÍ, C., KASPERSKAYA, Y. Public Financial Management Systems and Countries' Governance: A Cross Country Study [J]. Public Administration and Development, 2015, 35 (3): 165-178.

[236] MARTIN, J., SCORSONE, E. A. Cost Ramifications of Municipal Consolidation: A Comparative Analysis [J]. Journal of Public Budgeting Accounting & Financial Management, 2011, 23 (1): 311-337.

[237] MASON, C., BARRAKET, J., SIMNETT, R. How do Western Australia's Social Enterprises Meet Their Financial Challenges [M]. Bankwest Foundation Social Impact Series, 2016.

[238] MCLEOD, R. H., HARUN, H. Public Sector Accounting Reform at Local Government Level in Indonesia [J]. Financial Accountability & Management, 2014, 30 (2): 238-258.

[239] MICALLEF, F., PEIRSON, G. Financial Reporting of Cultural, Heritage, Scientific and Community Collections [J]. Australian Accounting Review, 1997, 7 (13): 31-37.

[240] MEIER, K. J., O'TOOLE, L. J. Comparing Public and Private Management: Theoretical Expectations [J]. Journal of Public Administration Research & Theory, 2011, 22 (3): 623-624.

[241] MILLER, P., POWER, M. Accounting, Organizing, and Econ omizing: Connecting Accounting Research and Organization Theory [J]. The

Academy of Management Annals, 2013, 7 (1): 557-605.

[242] MONTESINOS, V., VELA, J. M. Innovations in Governmental Accounting [M]. Berlin: Springer Science & Business Media, 2013.

[243] MOONITZ, M. The Entity Approach to Consolidated Statements [J]. Accounting Review, 1942, 17 (3): 236-242.

[244] MOURIK, C. V. The Equity Theories and Financial Reporting: An Analysis [J]. Accounting in Europe, 2010, 7 (2): 191-211.

[245] NASI, G., STECCOLINI, I. Implementation of Accounting Reforms: An Empirical Investigation into Italian Local Governments [J]. Public Management Review, 2008, 10 (2): 173-194.

[246] NEWBERRY, S. Whole of Government Accounting in New Zealand: A Review of WGA Financial Reports from 1993 to 2010 [J]. Abacus, 2011, 47 (4): 501-524.

[247] NEWBERRY, S., PONT-NEWBY, S. P. Whole of Government Accounting in New Zealand: The Ownership form of Control [J]. Public Money & Management, 2009, 29 (4): 235-242.

[248] NISTOR, C. S., STEFANESCU, C. A. Public VS. Banking Sector Accounting —How Far is Romania from International Referential? [J]. Acta Universitatis Danubius Oeconomica, 2012, 8 (3): 86-100.

[249] NOGUEIRA, S. P., JORGE, S. M. Adequacy of the Local Government Financial Reporting Model in the Context of Internal Decision-making: An Exploratory Study in the Municipality of Bragança [J]. Tékhne, 2012, 10 (2): 74-86.

[250] NSI, S., HANSEN, K., HEFZI, H. Off Balance Sheet Assets in Central Governments: Are They Unique or are They Really Assets [J]. Journal of Interdisciplinary Studies, 2001, 14 (2): 137-154.

[251] OAKES, H., OAKES, S. Accounting Colonisation and Austerity in arts Organisations [J]. Critical Perspectives on Accounting, 2016 (38): 34-53.

[252] OPRISOR, T., CRISAN, A. R. All for One and One for All: A Cross Sector Analysis of Reporting Standards [M]. Berlin: Springer International Publishing, 2017.

[253] OUDA, H. A. A Practical Accounting Approach for Heritage Assets Under Accrual Accounting: With Special Focus on Egypt [J]. International Journal on Governmental Financial Management, 2014, 14 (2): 1-18.

[254] OUDA, H. A. Towards A Practical Accounting Approach for Heritage Assets: An Alternative Reporting Model for the NPM Practices [J]. Journal of Finance and Accounting, 2014, 2 (2): 19-33.

[255] OULASVIRTA, L. The Reluctance of A Developed Country to Choose International Public Sector Accounting Standards of the IFAC: A Critical Case Study [J]. Critical Perspectives on Accounting, 2014, 25 (3): 272-285.

[256] OTRUSINOVÁ, M. Public Sector Accounting in the Czech Republic and Slovakia [J]. Revista Administratie Si Management Public, 2016 (27): 30-45.

[257] PALLOT, J. Elements of A Theoretical Framework for Public Sector Accounting [J]. Accounting, Auditing & Accountability Journal, 1992, 5 (1): 38-59.

[258] PALMER, K. T, WIHRY, D. F. The Environment of Public Financial Management: An Economic Perspective [J]. Southern Review of Public Administration, 1982, 6 (3): 282-294.

[259] PALMER, L. A. Considering Bias in Government Audit Reports Factors that Influence the Judgments of Internal Government Auditors [J]. Journal of Business Communication, 2008, 45 (3): 265-285.

[260] PATTON, J. M. Accountability and Governmental Financial Reporting [J]. Financial Accountability & Management, 1992, 8 (3): 165-180.

[261] PAULSSON, G. Accrual Accounting in the Public Sector: Experiences from the Central Government in Sweden [J]. Financial Accountability &

Management, 2006, 22 (1): 47-62.

[262] PINA, V., TORRES, L. Y., ETANO, A. Accrual Accounting in EU Local Government: One Method, Several Approaches [J]. European Accounting Review, 2009, 18 (4): 765-807.

[263] PINA, V., TORRES, L. Reshaping Public Sector Accounting: An International Comparative View [J]. Canadian Journal of Administrative Sciences, 2003, 20 (4): 334-350.

[264] PINNUCK, M., POTTER, B. N. The Quality and Conservatism of the Accounting Earnings of Local Governments [J]. Journal of Accounting & Public Policy, 2009, 28 (6): 525-540.

[265] POLLANEN, R., KRISTIN, L. Accounting Reform in the Government of Canada: Exploratory Evidence on Accrual Accounting Adoption and Impact [J]. Financial Accountability & Management, 2012, 28 (4): 359-377.

[266] PORTAL, M., LANDE, E., JONES, R., et al. French Revolution and German Circumspection: Reforming Budgeting and Accounting in National Governments [J]. Public Money & Management, 2012, 32 (5): 357-361.

[267] PORTER, S. An Examination of Measurement Methods for Valuing Heritage Assets Using A Tourism Perspective [J]. Qualitative Research in Accounting & Management, 2004, 1 (2): 68-92.

[268] PRIDGEN, A. K., WILDER, W. M. Relevance of GASB No. 34 to Financial Reporting by Municipal Governments [J]. Accounting Horizons, 2013, 27 (2): 175-204.

[269] PUDDU, L., RAINERO, C., SECINARO, S. The Consolidated Financial Statement: Are Ipsas and National Accounting Standards Comparable: The Turin City Council Case [J]. International Journal of Businessand Social Science, 2013, 4 (13): 241-250.

[270] PUMPHREY, L. D., CRAIN, G. Do the Existing Financial Fe-

porting and Auditor Reporting Standards Adequately Protect the Public Interest? [J]. Journal of Public Budgeting, Accounting & Financial Management, 2008, 20 (3): 375-386.

[271] RAHMAN, A., FACHRI, Z. Region's Financial Accounting Information System and the Quality of Local Government Financial Reports [J]. Information Management and Business Review, 2016, 8 (4): 64-68.

[272] ROBINSON, M. Accrual Accounting and the Efficiency of the Core public Sector [J]. Financial Accountability & Management, 1998 (14): 21-37.

[273] ROJE, G. The Perspectives of IPSASs Introduction in Croatian Public Sector [J]. International Journal of Public Sector Performance Management, 2012, 2 (1): 25-43.

[274] ROSENFIELD, P. The Focus of Attention in Financial Reporting [J]. Abacus, 2005, 41 (1): 1-20.

[275] ROSSI, F. M. Public Sector Accounting and Auditing in Italy [M]. London: Palgrave Macmillan UK, 2015.

[276] ROSSI, F. M., COHEN, S., CAPERCHIONE, E., et al. Harmonizing Public Sector Accounting in Europe: Thinking Out of The Box [J]. Public Money & Management, 2016, 36 (3): 189-196.

[277] RUTHERFORD, B. A. Developing A Conceptual Framework for Central Government Financial Reporting: Intermediate Users and Indirect Control [J]. Financial Accountability & Management, 1992, 8 (4): 265-280.

[278] SINCLAIR, A. The Chameleon of Accountability: Forms and Discourses [J]. Accounting, Organizations and Society, 1995, 20 (2): 219-237.

[279] SOGUEL, N., ECABERT, C. Do Nasty and Pleasant Surprises Regarding Tax Revenue Explain Spending Drifts: The Case of the Swiss Cantons [J]. International Journal of Public Administration, 2015, 38 (4): 282-296.

[280] STANTON, P. J., STANTON, P. A. Governmental Accounting for Heritage Assets: Economic, Social Implications [J]. International Journal of Social Economics, 1997, 24 (7): 988-1006.

[281] STECCOLINI, I. Is the Annual Report an Accountability Medium? An Empirical Investigation into Italian Local Governments [J]. Financial Accountability & Management, 2004, 20 (3): 327-350.

[282] TEFĂNESCU, C. A., OPRISOR, T., SINTEJUDEANU, M. A. An Original Assessment Tool for Transparency in the Public Sector Based on the Integrated Reporting Approach [J]. Journal of Accounting and Management Information Systems, 2016, 15 (3): 542-564.

[283] TAGESSON, T. Arguments for Proportional Consolidation: The Case of the Swedish Local Government [J]. Public Money and Management, 2009, 29 (4): 215-216.

[284] TAGESSON, T. The Materiality of Consolidated Financial Reporting—An Alternative Approach to IPSASB [J]. International Journal of Public Sector Performance Management, 2012, 12 (12): 81-95.

[285] TAGESSON, T., GROSSI, G. Public Sector Accounting and Auditing in Sweden [M] //Public Sector Accounting and Auditing in Europe. London: Palgrave Macmillan UK, 2015.

[286] TALEBNIYA, G., ZAREI, B., ALBORZI, M. Presenting A Contingency Prescriptive Model for Transition to Accrual Accounting in Islamic Republic of Iran [J]. Journal of Basic and Applied Scientific Research, 2011 (12): 2743-2753.

[287] TUDOR, A. T. Romanian Public Institutions Financial Statements on the Way of Harmonization with IPSAS [J]. Accounting and Management Information Systems, 2010, 9 (3): 422-447.

[288] VODÁKOVÁ, J. Accrual Basis in the Public Sector and Government gross Debt Development [J]. Ekonomika a management, 2012 (1): 99-105.

[289] WALKER, R. G., DEAN, G. W., EDWARDS, P. J. Infrastructure

Reporting: Attitudes of Preparers and Potential Users [J]. Financial Accountability & Management, 2004, 20 (4): 351-375.

[290] WALKER, R. G. Issues in the Preparation of Public Sector Consolidated Statements [J]. Abacus, 2011, 47 (4): 477-500.

[291] WALKER, R. G. Public Sector Consolidated Statements: An Assessment [J]. Abacus, 2009, 45 (2): 171-220.

[292] WALSH, K., KIERON, W. Public Services and Market Mechanisms: Competition, Contracting and the New Public Management [J]. Sociology the Journal of the British Sociological Association, 1995 (3): 614-615.

[293] WILD, S. Accounting for Heritage, Cultural and Community Assets—alternative Metrics from a New Zealand Educational Institution [J]. Australasian Accounting, Business and Finance Journal, 2013, 7 (1): 3-22.

[294] WISE, V. Government Consolidated Financial Reporting: Harmonisation Issues [J]. Global Business & Economics Review - Anthology, 2004 (12): 423-433.

[295] WISE, V. Cross Sector Transfer of Consolidated Financial Reporting Concepual Concerns [J]. Australian Journal of Public Administration, 2006, 65 (3): 62-73.

[296] WISE, V. Theory and Accountability: The Case of Government Consolidated Financial Reporting [J]. International Review of Business Research Papers, 2010, 6 (5): 82-97.

[297] WYNNE, A. Is the Move to Accrual Based Accounting A Real Priority for Public Sector Accounting [J]. Social Science Electronic Publishing, 2009, 25 (1): 75-84.

[298] YUSUF, J., JORDAN, M., NEILL, K., et al. For the People: Popular Financial Reporting Practices of Local Governments [J]. Public Budgeting & Finance, 2013, 33 (1): 95-113.

附录

附录一 《中国政府合并财务报表问题研究》访谈问题清单

针对财政有关部门的国库负责人和分管领导、相关编制政府综合财务报告的负责人和分管领导，事先提供访谈问题清单，进行45分钟左右的面对面访谈。访谈的笔记反馈给受访者，以便更正差错。针对访谈对象，区分已经编制、未编制单位，旨在进行引导性的访谈、获得比较均衡的样本。受访者的基本信息包括：你的职位是什么？你目前的工作做了多长时间？你目前工作的责任是什么？什么责任花费你大部分的时间？

具体访谈问题清单如下：

（1）贵单位试编权责发生制政府综合财务报告吗？贵单位如果在试编政府综合财务报告，您认为哪些因素可以促使试编工作？试编工作进展如何？

（2）试编的权责发生制政府综合财务报告对于服务内部管理、改善决策等方面具体有什么作用？

（3）在编制政府合并财务报表过程中遇到的主要问题是什么？

（4）有哪些因素、举措、机制可以促进和支持政府合并财务报表的成功编制？

（5）如何在依据现行政府会计准则、制度进行会计核算的基础上利用IT系统编制政府合并财务报表？

（6）您认为贵单位的政府合并财务报表编制工作成功吗？为什么？

（7）贵单位如果还没有进行过政府合并财务报表的编制，您认为存在哪些阻碍因素？

（8）贵单位如果还没有试编政府综合财务报告，后续开展政府综合财务报告试编工作有什么计划？您认为贵单位应当如何编制政府合并财务报表？

（9）您认为编制政府合并财务报表对会计人员知识储备和专业技能有哪些新要求？您认为相关财务、会计人员需要哪些方面的岗位培训和后续教育？

（10）如何制定《政府合并财务报表准则》？

附录二 《政府合并财务报表编制问题》调查问卷

尊敬的女士/先生：

根据国务院批转财政部《权责发生制政府综合财务报告制度改革方案》的规定，我国自2017年起开展政府财务报告编制试点工作。本问卷旨在较深入地了解政府合并财务报表的编制细节及作用、试编阶段存在的现实问题与困难。

请根据贵单位实际情况以及您对政府合并财务报表编制的认识，填写本问卷。该问卷的答案将严格保密，仅用于该领域的学术研究。最后，感谢您的协助与参与，祝您工作顺利！

一、结合贵单位现状，请对试编政府合并财务报表的影响因素以及能够带来的收益作出评价。（每题只选一个答案）

1. 公共基础设施统计薄弱，会计核算不规范，会影响政府合并财务报表的数据采集（　　）。

A. 完全不同意　　B. 不同意　　C. 一般

D. 同意　　E. 完全同意

2. 大量隐性债务的存在，会影响政府合并财务报表债务信息的可靠性（　　）。

A. 完全不同意　　B. 不同意　　C. 一般

D. 同意　　E. 完全同意

3. 地方政府债券债务种类繁多，发行方式复杂，地方融资平台账务不清晰，会影响政府合并财务报表数据采集（　　）。

A. 完全不同意　　B. 不同意　　C. 一般

D. 同意　　E. 完全同意

4. 内部债权债务数额大，内部抵销操作难度大、且易出错和遗漏，会影响政府合并财务报表的编制（　　）。

A. 完全不同意　　B. 不同意　　C. 一般

D. 同意　　E. 完全同意

5. 第一次转化权责发生制进行确认计量时，需要耗费大量的工作精力对政府资产和负债进行摸底排查，这会影响政府合并财务报表数据采集（　　）。

A. 完全不同意　　B. 不同意　　C. 一般

D. 同意　　E. 完全同意

6. 决算报表体系口径不统一，采用合并后再调整方式，会影响合并财务报表数据的准确性（　　）。

A. 完全不同意　　B. 不同意　　C. 一般

D. 同意　　E. 完全同意

7. 部分固定资产的确认存在困难，“谁管理、谁反映”标尺执行混乱，会影响政府合并财务报表的数据采集（　　）。

A. 完全不同意　　B. 不同意　　C. 一般

D. 同意　　E. 完全同意

8. 不同性质的公益部门是否合并方面没有明确规定，会影响政府合并财务报表的编制（　　）。

A. 完全不同意　　B. 不同意　　C. 一般

D. 同意　　E. 完全同意

9. 对不同性质的公共部门及混合所有权的资产，没有明确合并方法，会影响政府合并财务报表的编制（　　）。

A. 完全不同意　　B. 不同意　　C. 一般

D. 同意　　E. 完全同意

10. 无统一的国有资产运营管理系统，无法实现数据共享，会影响合并财务报表的数据采集（　　）。

A. 完全不同意　　B. 不同意　　C. 一般

D. 同意　　E. 完全同意

11. 缺少适合编制合并财务报表的IT系统，会影响政府合并财务报表编制（ ）。

A. 完全不同意　　B. 不同意　　C. 一般

D. 同意　　E. 完全同意

12. 编制人员的会计水平、职业素养和专业技能不足对编制政府合并财务报表工作是不充分的（ ）。

A. 完全不同意　　B. 不同意　　C. 一般

D. 同意　　E. 完全同意

13. 编制人员的配备相对薄弱，兼职和变动较频繁，会影响政府合并财务报表编制（ ）。

A. 完全不同意　　B. 不同意　　C. 一般

D. 同意　　E. 完全同意

14. 各职能部门不直接参与试编工作，会影响政府合并财务报表编制（ ）。

A. 完全不同意　　B. 不同意　　C. 一般

D. 同意　　E. 完全同意

15. 缺乏政府财务指标分析体系以及配套的财政分析与考核指标，会影响政府合并财务报表的使用（ ）。

A. 完全不同意　　B. 不同意　　C. 一般

D. 同意　　E. 完全同意

16. 缺少公开及审计机制，对政府合并财务报表的信息质量保证是不充分的（ ）。

A. 完全不同意　　B. 不同意　　C. 一般

D. 同意　　E. 完全同意

17. 地方政府党政主要领导和上级主管部门的重视，有助于推动政府（部门）综合财务报告试编工作（ ）。

A. 完全不同意　　B. 不同意　　C. 一般

D. 同意　　E. 完全同意

18. 本单位领导的重视，有助于推动政府（部门）综合财务报告试编工作（　　）。

A. 完全不同意　　B. 不同意　　C. 一般

D. 同意　　E. 完全同意

19. 执行政府会计准则及其相关制度，会对试编政府（部门）综合财务报告工作产生强烈影响（　　）。

A. 完全不同意　　B. 不同意　　C. 一般

D. 同意　　E. 完全同意

20. 加强编制人员的专业培训对试编政府（部门）综合财务报告有强烈影响（　　）。

A. 完全不同意　　B. 不同意　　C. 一般

D. 同意　　E. 完全同意

21. 已试编政府（部门）综合财务报告的地区、部门，会对未试编综合财务报告工作产生积极或正面的影响（　　）。

A. 完全不同意　　B. 不同意　　C. 一般

D. 同意　　E. 完全同意

22. 人大、政协对地方政府及其相关部门的问责与监督，有助于推动试编工作（　　）。

A. 完全不同意　　B. 不同意　　C. 一般

D. 同意　　E. 完全同意

23. 政府的发起与鼓励，会强烈影响政府（部门）综合财务报告试编工作（　　）。

A. 完全不同意　　B. 不同意　　C. 一般

D. 同意　　E. 完全同意

24. 学术界对于推动试编工作有重要影响（　　）。

A. 完全不同意　　B. 不同意　　C. 一般

D. 同意　　E. 完全同意

25. 政府（部门）综合财务报告对政府及相关部门的决策制定具有重要作用（　　）。

A. 完全不同意　　B. 不同意　　C. 一般
D. 同意　　E. 完全同意

26. 政府（部门）综合财务报告对于全面公开政府及相关部门的履责情况来说是重要的（　　）。

A. 完全不同意　　B. 不同意　　C. 一般
D. 同意　　E. 完全同意

27. 政府（部门）综合财务报告对于准确反映政府的成本费用而言是重要的（　　）。

A. 完全不同意　　B. 不同意　　C. 一般
D. 同意　　E. 完全同意

28. 编制政府（部门）综合财务报告，对摸清政府家底、提升资产负债管理水平而言是重要的（　　）。

A. 完全不同意　　B. 不同意　　C. 一般
D. 同意　　E. 完全同意

二、基本信息

29. 您的性别是（　　）。

A. 男　　B. 女

30. 您的年龄是（　　）。

A. 18~25 岁　　B. 26~35 岁　　C. 36~45 岁
D. 46~55 岁　　E. 56 岁及以上

31. 您的职务是（　　）。

A. 财会部门的正副职领导　　B. 财会部门的普通职员
C. 非财会部门的正副职领导　　D. 非财会部门的普通职员

32. 您所在单位级别是（　　）。

A. 省/直辖市财政部门（　　）　　B. 市级财政部门（　　）
C. 县（区）级财政部门（　　）　　D. 其他（　　）

33. 您在目前单位的工作年限：（　　）年。

34. 您的教育背景是（　　）。

A. 博士　　B. 硕士　　C. 本科　　D. 大专　　E. 其他

35. 您的最高学位的专业名称：（　　）。

36. 您所在单位目前的员工数量：（　　）人。

37. 您所在单位的国库处（科）（或非财政部门财务）人员的数量：高级会计师（　　）人，中级会计师（　　）人，初级会计师（　　）人，其他类别（　　）人。

38. 您所在单位的国库处（科）（或非财政部门财务）人员的教育情况：博士（　　）人，硕士（　　）人，本科（　　）人，大专（　　）人，其他（　　）人。

39. 您所在单位开展政府（或部门）合并财务报表编制的年数：（　　）

A. 没有开始编制　　B. 1 年　　C. 2 年

D. 3 年　　E. 4 年　　F. 5 年及以上